SHI YONG GONG WEN XIE ZUO
YI BEN TONG

实用公文写作一本通

闻一鸣　刘俊 ◎ 编著

北京联合出版公司
Beijing United Publishing Co.,Ltd.

图书在版编目（CIP）数据

实用公文写作一本通 / 闻一鸣，刘俊编著 . -- 北京：北京联合出版公司，2019.3（2020.2重印）

ISBN 978-7-5596-2888-6

Ⅰ . ①实… Ⅱ . ①闻… ②刘… Ⅲ . ①公文 – 写作 Ⅳ . ① H152.3

中国版本图书馆 CIP 数据核字（2018）第 302405 号

实用公文写作一本通

项目策划　斯坦威图书

作　　者　闻一鸣　刘俊

责任编辑　昝亚会　夏应鹏

策划编辑　李佳铌　潘明月　王　娇

封面设计　王　喆

北京联合出版公司出版

（北京市西城区德外大街 83 号楼 9 层　100088）

香河县宏润印刷有限公司印刷　新华书店经销

287 千字　710 毫米 ×1000 毫米　1/16　18 印张

2019 年 3 月第 1 版　2020 年 2 月第 2 次印刷

ISBN 978-7-5596-2888-6

定价：55.00 元

未经许可，不得以任何方式复制或抄袭本书部分或全部内容

版权所有，侵权必究

本书若有质量问题，请与本公司图书销售中心联系调换

纠错热线：010-82561793

再版说明

《实用公文写作一本通》自 2012 年 10 月出版以来,承蒙广大读者厚爱,订数不断,在当当网销售排行榜上名列前茅。基于该书的受欢迎程度,北京联合出版公司决定对该书进行修订升级,以全新的面貌、更加丰富的内容满足广大读者的需要。

在修订的过程中,我们根据《党政机关公文处理工作条例》对原书内容进行了删减,补充了最新的案例,订正了一些错误和瑕疵,使全书的内容更加准确、全面。文中引用了一些新的例文,由于时间关系无法一一联系上作者,如有版权问题,请与本书编者联系,我们将按相关规定给付稿酬。

公文写作是机关干部的看家本领,也是一门需要常学常新的技艺。对于走上工作岗位特别是在机关事业单位工作的人来说,需要掌握最新的公文处理规范要求和工作要领,并加强实践锻炼检验。诚如剑桥大学一位学者在《语言和文字能力决定一个人的发展和未来》一文中所说的:"使用语言的能力决定人的发展潜力。"我们每个人都离不开与人交往,每天都面临着要把自己的想法、情感、观点等信息传递给他人,每天都离不开说话和写文章。哲学家维特根斯坦说:"我的语言的边界就是我的世界的外延。"从这个意义上说,本书不但是一本实用公文写作辅导书,更是一本语文修养和综合素质能力培训书。相信读者会喜欢这本书,用好这本书,赢得一个更加光明灿烂的职业生涯。

前 言

对于广大读者来说，不管你正在从事什么职业或是将来要从事何种工作，都要接触到公文。公文是公务文书的简称，是国家行政机关在进行行政管理、处理各种公务的过程中形成的具有法定效力和规范体式的文字工具，是依法行政和进行各种公务活动的重要工具。规范的文书写作是企事业单位、行政机关执行规章制度和步入规范化管理的重要依据。一个标准化、规范化、高效化的企事业单位和行政机关需要一套完备而科学的文书系统作支点。

本书在编写过程中，以现行党和国家的公文法规的规定为依据，积极体现当前公文学研究的最新成果，具有较高的指导价值和现实效用。

本书没有一开篇就介绍各类具体公文的写作与格式要求，而是用比较多的文字讲述了公文的含义、作用以及特点、类型、表达方式等方面的问题。阅读了这些文字，学习了这些内容以后，可以理清思路，更新观念，夯实公文写作的基础。在具备了较高的专业素质之后，进一步掌握公文写作的基本技巧与起草格式，写出高质量的公文便是水到渠成的事情了。

在本书中，所有文体都简明定义，指出要点，列出模式。既有公文的一系列基本知识，又有写作技巧与文件处理的操作方法。书中所选各种例文分别来自不同类型、不同层次的机关或单位，在贴近基层的前提下，更注重其实用性和针对性；同时，所选用的实例，也力求体现内容的新颖性和现实的指导性。本书中所有文体格式标准，一看就懂；范文规范，即学即用，能够帮助读者快速有效地提高公文写作水平。

本书在编写过程中，参考了大量的公文写作书籍，在此，对这些书籍的作者和为本书的出版给予帮助与支持的朋友们表示衷心的感谢。

对书中的纰漏和不成熟之处，恳请专家、读者批评指正。

编　者

目录

第一章　公文基础知识

第一节　公文的特点和作用 /003

第二节　公文的结构要求 /011

第三节　公文的语言要求 /013

第四节　公文的类型 /018

第五节　公文的表达方式 /023

第六节　公文格式的特点 /030

第七节　公文的行文规范 /033

第八节　机关公文用字规范 /037

第九节　公文写作要求及方法 /043

第二章　基本公文格式

第一节　公文版式 /051

第二节　公文拟稿的要求 /054

第三节　公文印制的要求 /056

第四节　公文格式 /058

第五节　公文的书面格式 /061

第六节　公文的成文日期 /064

第七节　公文的核稿和把关 /065

第八节　公文的签发、封发和归档 /069

第三章　公文写作解析

第一节　公文写作的总体要求 /075

第二节　如何使用汉字 /078

第三节　如何正确使用句式 /081

第四节　如何运用模糊语言 /085

第五节　如何运用模态词语 /088

第六节　如何运用数字 /092

第七节　如何正确运用熟语 /096

第八节　如何正确运用简称 /100

第九节　如何正确运用实例 /103

第四章　法定公文起草格式与范例

第一节　决议 /111

第二节　决定 /116

第三节　命令（令）公告 /120

第四节　公报 /125

第五节　公告 /129

第六节　通告 /133

第七节　意见 /137

第八节　通知 /145

第九节　通报 /153

第十节　报告 /157

第十一节　请示 /166

第十二节　批复 /171

第十三节　议案 /174

第十四节　函 /179

第十五节　纪要 /182

第五章　常用公文起草格式及范例

第一节　工作计划 /189

第二节　工作规划 /196

第三节　工作要点 /199

第四节　演讲词 /206

第五节　总结 /216

第六节　调研报告 /229

第七节　专用书信 /241

第八节　会议记录 /248

第九节　公约 /253

第十节　组织章程 /257

第十一节　办法 /262

第十二节　简报 /266

第十三节　细则 /273

参考书目 /277

第一章

公文基础知识

第一章

公文決定權限

第一节
公文的特点和作用

公文，全称公务文书，是党政机关实施领导、履行职能、处理公务的具有特定效力和规范体式的文书，是传达贯彻党和国家方针政策，公布法规和规章，指导、布置和商洽工作，请示和答复问题，报告、通报和交流情况等的重要工具［2012年7月1日颁布的《党政机关公文处理工作条例》（以下简称《条例》）第3条规定］。

一、公文的特点

1. 具有真实性

公文具有的真实性是指事实上的真实与方针政策上的真实性，这是公文的一大原则。事实上的真实性一般是指：公文所涉及的事实以及所引用的材料和数据，必须是没有丝毫出入的，是绝对真实可靠的，是没有任何虚假和错漏的；而方针政策的真实性是指我们制定方针政策时也要从客观实际出发，科学地进行拟订，而且要遵循事物发展的客观规律。公文是我们进行公务处理的文书，这就决定了公文必须是根据实际情况的需要、针对具体问题而制定的，它有着明确的写作目的。因此，公文的真实性是非常重要的。

2. 具有规范性

公文是党政机关处理公务、管理国家、传递政策、表达意志的手段和工具，是为解决党和国家的事务而制定的，因此，公文必须具有一定的规范性，这样才能使公文的撰写和处理有章可循、有法可依，才能准确地表达党和国家各个行政机关的意志，才能正确地发挥它的作用。公文的撰写从起草到成文，再到收发、传递、执行、立卷、归档、销毁等各个方面，都是要遵循一定的规范化制度的，公文还要具有特定的体式，甚至它的文体、结构、用纸的尺寸、文件标记都是有统一规定的，这就是我们所指的公文的规范性。

3. 具有特定的作者与阅者

公文的撰写必须有法定作者，它是由法定的作者拟订和发布的。所谓的公文的法定作者是指依据法律和有关的章程、条例、决定成立的，并能以自己的名义行使其法定的职能权力和担负一定的任务、义务的机关，组织或机关、组织的法定代表人；从另一方面来讲，公文的阅读与执行等工作也不是任何人都能够充当的，也就是说，公文的行文对象也是具有特定性的，不同的公文文种具有不同的阅读与执行对象，这是由公文自身具有的特定的功用而决定的。由此我们可以看出，作者与阅者具有特定性是公文这种文种所独有的特点。

4. 具有很强的政策性

公文是党的机关和行政机关行使管理职能、办理具体事务的重要工具，对国家政治、经济和社会生活的各个领域都有着指导作用，是维护和发展社会主义制度、建设物质文明和精神文明的保障。各级党的机关和行政机关制发的公文，都必须用来贯彻执行党和国家的有关政策，执行国家的法律和法令，丝毫不能偏离党和国家的政治目标和政策轨道。因此，公文是观点鲜明的文体，是严肃郑重的文体，是有着充分权威性的文体，要求作者必须有严肃认真的态度。

5. 具有特定的权威性

公文是党政机关、社会团体、企事业单位为了进行表达意志、处理公务等工作活动而拟定的,这就意味着这些公文必须要有一定的权威性,党政机关也必然要赋予公文这种特殊的地位。对于公文来说,它代表的是党和国家的各个行政机关,同样也代表着拟定机关的法定权威性,由此可以看出,公文是各级党和国家的行政机关处理公务、开展工作、管理国家的法定依据。因此,公文是具有特定的权威性的一种文体。

6. 具有严格的时间性与特定的时效性

公文是党和国家行政机关、企业、事业等在处理党务问题,进行政务活动、技术活动和经济活动等公务处理过程中形成的。公文是宣布和传达行政命令、指导工作、报告和商洽国家事务的一种工具,是解决行政问题的手段之一,因此,每一份公文都有具体的拟定目标和公务职能,这就要求公文进行公务处理、解决问题时要迅速、及时。所以,对公文的撰写、处理一般都是有严格的时间要求的。公文的时效性是指每一份公文都具有一定的时效,这种时效的产生一般有两种情况:一是文中明确规定的生效时间;二是以成文日期作为生效时间。公文时效的丧失除随着形势发展自然终止这种方式外,还有就是被新的文件所代替而终止。

7. 实用性

公文的制作和发布是为了解决现实生活中出现的问题和矛盾,也是党和国家行政机关以及企业事业单位传达意图,颁布法规,进行政治活动、商务活动和经济活动的工具,这就要求公文要有实用性,能够解决实际问题,能够在党和国家行政机关进行公务处理、传递意志以及在各个企事业单位的活动中起到真正的作用。公文是针对现实问题而拟定的,是为我们的现实生活服务的。因此,公文是具有很强的实用性的一种文体。

8. 具有规范的体式

公文是一种具有规范的体式,具有统一规定的文种,它的格式和行文等方面都有一定的规则,不是任何机关、单位或团体可以随意进行标新立异的。它的拟定必须要遵循统一的规范,而且每种公文只适用于特定的范围,用来表达特定的内容。为了更好地维护公文的权威性和准确性,国家有关机构以法规、标准等形式对公文的文体、结构、格式等写作规范有统一的规定,公文的拟定者都必须遵循这些规范。随着社会和科技的发展,公文的标准化和公文处理的现代化已逐步提上日程,公文的体式也将会有更严格的要求。

9. 特定的处理程序

公文的处理活动是党和国家行政管理工作的一部分,它的处理质量、过程和处理的结果直接关系到国家利益与广大人民群众的切身利益。因此,公文的处理程序也是具有高度的政治性、权威性、周密性和机密性的,它的处理过程是必须要履行法定的程序的。公文有执行效用,为了保证有效性,国家有关机构规定了各种公文的处理程序,公文的拟定者与处理者必须要遵循这种特定的程序。

二、公文的作用

公文是党和国家行政机关、社会团体、企事业单位以及其他社会组织行使法定职权、处理日常事务的工具,是应用文中最重要、用途最广泛的一种文体。它具有以下几个方面的作用,并且这些作用不是孤立的,而是相互联系的,是一个不可分割的整体。

1. 规范与约束作用

从公文的含义中我们就可以看出,党和国家各个行政机关所使用的公文中,大部分是用来颁布行政法规、发布各种命令、制定法律的。公文的这种特点决定了它具有了一定的规范与约束作用,它规范和约束着人民群众的行动,人们对它的决定是必须要坚决执行的。公文是具有强制性的。党和国家通过强制手段保证公文的执行,维护它的权威性,使之真正起到规范与约束的作用。

2. 领导与指导作用

公文的主要职责是代表党和国家行政机关、企事业单位、社会团体在特定的范围内进行组织管理行政事务、交流合作、处理公务、进行商务活动等。在各种各样的公文中，它们的共同点都是体现着党和国家的意志，是党和国家进行管理的工具。因此，公文就具有了领导与指挥的职责和作用，是党和国家行政机关意志的代表，也是广大人民群众利益的代表。公文一经拟定与下发，其下级机关无论是各个行政机关还是企事业单位，都必须严格执行公文规定。如果脱离了公文的这种作用，管理工作很可能就会无章可循，变得混乱不堪。

3. 宣传与教育作用

要想使党和国家的路线、方针政策顺利及时地进行贯彻实施，除了党和国家制定的路线、方针正确，符合广大人民群众的利益，还要以某种形式进行宣传。因此，党和国家的各级机关会制定一部分可以对广大干部群众进行思想教育的公文，用来提高人们的认识，启发人们的觉悟，增强人们建设中国特色社会主义的信心，以及调动建设中国特色社会主义的积极性。

4. 协调作用

协调，顾名思义，就是调节与调整之意。公文的协调作用是指调整与改善各个行政机关、各个部门以及各个社会团体之间的关系，使之协调、有序，使各项工作得以顺利开展，使各种管理工作有条不紊地进行。比如，我们可以制定某些决议、决定来规范协调人们的活动，可以颁布法令来纠正不良的行为，还可以制定某些条例、规定来约束调节人们的行为规范，等等。通过公文的这种协调作用，使党和国家、企事业单位以及某些社会团体的工作步调一致，顺利开展。

5. 颁布法规作用

公文是各级行政部门及各个单位依法行政和进行公务处理活动的重要工具，而这种工具要以一定的形式表现出来，这就形成了各种法规，如行政公文有国家的宪法、刑法、民法、诉讼法等各种法律法规，还有各种办理具体事务的规定、办法等。这些法规在拟定后，都要以行政公文的形式进行颁布与实施。这些行政法规一旦发布，就具有了法律效力，是神圣不可侵犯的，任何机关单位、任何人都不能违反。

6. 交流作用

公文还具有交流信息的作用，它在诸多不相隶属的机关或者平级机关单位之间起着桥梁与纽带的作用。公告、通告、通知、通报、报告、请示、函等公文都具有交流信息的作用。交流信息，可以加强各个机关单位之间的联系，进行很好的沟通，既方便上情的下达，也方便了下情的上达。有了公文这种交流与沟通的桥梁，我们党和国家的行政机关、企事业单位、社会团体都有可能做到互相沟通、互相了解，更好地进行配合协作，有利于各项工作的开展。

7. 组织作用

公文是党和国家、各单位制订计划和决策实施的载体，这些计划和决策依附公文而化为具体的执行过程。由此可见，公文是党和国家、各单位进行各种组织活动的重要工具，是组织各种机关单位进行活动、实施计划与决策的工具。例如，可以通过命令、意见、决议等形式对下级的工作进行组织并提出具体实施要求，也可以通过请示、报告对下级的工作进程作深入了解与掌握，并对其活动进行组织与督促。

8. 凭证与记载作用

公文是具有一定的时效性的，它的时效的开始与结束都是有时间限制的。公文是进行各种公务活动的依据，它负责公务活动的记录，是公务活动的凭证；公文在完成了它的使命之后，就要进行整理归档，以便对今后的各项工作起到记载、凭证与参考的作用。

三、学习公文处理的意义

无论是党政机关，还是企事业单位或其他单位，公文处理工作都是保障日常运转的一项重要业务，公文处理工作的制度化、科学化、规范化，对于机关单位各项工作具有直接带动和重要促进作用。古往今来的人类经济社会生活中，特别是近现代以来办文工作的成功经验，体现了公文处理工作的内在规律，是提升机关工作科学化水平的必然要求，为规范机关公文处理工作提供了基本遵循规则。一个单位，只有当公文处理逐渐步入科学规范发展的轨道，才能为全面工作的上台阶提供基础。大致说来，学习公文处理有如下几方面意义：

1. 学习公文处理工作，是实现党政机关高效有序运转的重要方法

无规矩不成方圆。一个单位成立以后，就面临着文件往来的迫切需要。如果文件往来中不遵循一定的规则、体例、格式，就会影响机关的高效运转，甚至造成各种工作失误和差错。只有学习掌握党政机关公文处理的规范，才有利于增强机关权威，提高机关工作的质量和效率，节约机关运行成本，更好地保障党政机关实施领导和履行职能。

2. 学习公文处理工作，是推动党政机关科学决策和决策落实的制度保障

公文是领导机关决策内容的重要载体，也是推动决策部署落到实处的必要手段。学习公文处理规范，提高公文的针对性、指导性和可操作性，保证公文科学规范、务实管用、严肃权威，这对于增强领导机关决策的民主性、科学性、合法性和执行力至关重要。

3. 学习公文处理工作，是促进党政机关依法执政、依法行政的客观需要

发布公文是党政机关实施领导、执政行政的重要手段。党政机关要依法执政、依法行政，首先必须规范机关公文处理工作，确保公文合法合规。近年来，一些地方和单位"红头文件"违法违规现象屡屡出现，有悖于我们党和政府依法执政、依法行政的理念，严重损害党政机关形象和公信力。某法院在2008年的一份民事判决书中，错误高达18处，人工流产还写成

了工人流产。2016 年另一法院发出的一份判决书，不仅出现了地名、单位名称错误，还有标点符号前后不一致、错别字、语法使用错误等"多达 10 多类的错误"。2018 年 3 月，又一法院一份行政纠纷案的判决书中，被网民罗列了数十处笔误，包括错别字、标点符号等。该法官被警告处分，扣绩效 2000 元人民币。这些案件都引发舆论的关注和网民的议论："语文水平都让人着急，怎么断案？""法官有生杀予夺的大权，庄重威严，怎能如此儿戏？""判决书是很严肃的法律文书，法院名字都弄错，这样的判决为什么还有法律效力？"俗话说，一字入公门，九牛拉不出。公文是来不得半点马虎的。公文一旦出错，就说明机关单位的流程管理存在疏漏，工作作风存在问题。

4. 学习公文处理工作，是加强党政机关作风建设的有效途径

古言道："文以载道"，"出言陈辞，身之得失，国之安危也"，"夫辞者，乃所以尊君、重身、安国、全性者也"，"盖文章，经国之大业，不朽之盛事"。一个时代的文风，折射的是那个时代执政者与社会精英的思想观念、品格、作为和精神风貌，也是社会的风向标和晴雨表。因此，人们总是把说话、写文章与国家的安危兴衰相联系。古往今来的无数事例都说明，杰出的政治家一定也是文章的大家。2012 年 12 月 4 日，中共中央政治局召开会议，审议通过了中央政治局关于改进工作作风、密切联系群众的八项规定，其中有一项重要内容，就是改进文风，严格控制各类文件简报。规范党政机关公文处理工作，是改进文风、转变作风的重要举措和有效方法，有利于使各级干部特别是领导干部从"文山会海"中解放出来，集中精力抓好大事、促进发展；有利于及时回应群众关切、解决群众问题、满足群众需求，密切干群关系，提高执政能力。

第二节
公文的结构要求

公务文书结构的基本要求，可用"三性"加以概括：完整性、连贯性和严密性。

一、完整性

首先，公文要做到开头部分、主体部分、结尾部分齐备，不可无故残缺，即朱光潜先生所说的"有头有尾有中段"。

其次，各个部分要相对饱满，不能干瘪、空洞，给人以局部残损的感觉。

最后，脉络畅通，贯穿首尾，如有文气不能串联的地方，形成脱节断气，也会影响文章的圆满。这就是朱光潜先生说的"有一股生气贯注于全体"。

在艺术创作中，有"只写残缺不写全"的说法，讲究点到为止，留下一些空白由欣赏者来填补，反而能更好地调动读者进行审美再创造的积极性。但是，这一做法在公文写作中不宜采用，公文的内容要求明确、实在，不能采用虚实相生、意到笔不到的写法。否则，将会给落实处理带来许多不便。

二、连贯性

公文的各个部分之间，在内容上要连贯、井然有序，在语言形式上要紧密衔接和合理过渡。

一篇公文，不会是一个混沌的整体，必然是由若干层次构成的。开头、主体、结尾，就是公文的三大层次。其中主体部分，通常不会只有一个层次，而是由既互有区别，又互有联系的几个部分组成。这些层次之间，不管是在内容上还是在文风上，都要有内在的联系。在外部的语言形式上，不管采用序号衔接还是采用自然过渡，也都必须自然流畅。

三、严密性

严密性是指文章的各个部分之间有严密的逻辑联系，既不能出现前后内容互不相干，也不能出现前后内容相互矛盾的现象。朱光潜先生说："文章的'不通'有多种，最厉害的是上气不接下气，上段上句的意思没有交代清楚就搁起来，下段下句的意思没有伏笔就突然出现。应该在前一段说的话遗漏着不说，到后来一段不很相称的地方勉强插进去，或者在上文已说过的话到下文再重复说一遍，这些问题都属于逻辑混乱，结构不严密。"（朱光潜著：《选择与安排》，广西师范大学出版社2004年版）。

文章的部分与部分之间，或呈现因果关系，或呈现主次关系，或呈现并列关系，或呈现表里关系，各部分互相弥补、互相协助，而不能互相矛盾、互相拆台。

第三节 公文的语言要求

一、准确

1. 认真辨析词义

西方有位作家说，要表现一个事物，只有一个名词是准确的；要描绘一种状态，只有一个形容词是准确的；要说明一个动作，只有一个动词是准确的。写作的主要工作之一，就是找到这个准确的名词、形容词、动词。这句话对于文学创作来说未必适用，因为文学语言不循常规，而作家的创造性语言又因其个性和素质的差异各有特色，很难说哪个词语是绝对准确的。然而，这话用于公文写作，倒是比较确切的。

在汉语中，有大量的意义相同或相近的词汇，称为同义词或近义词。其实，即使是同义词，细细分辨起来还是有些微妙的差异。譬如，"优异""优秀""优良"，这三个词粗看相近，细看则有不同程度的区别。"鼓舞""鼓动""煽动"，从动作的方向和力度上看并无差异，但感情色彩却很不相同。公文写作，必须在词语的细微差别和感情色彩上仔细斟酌。

2. 讲究语法和逻辑

公文写作语言的规范性，体现在句子上就是造句合乎语法规则、合乎逻辑。

首先，句子成分要完整。汉语构成句子有主、谓、宾、定、状、补六种句子成分，其中主语、谓语、宾语是主干成分，定语、状语、补语是辅助句子成分。对于每一个句子来说，主干成分也不是必不可少的，但是省略有省略的规则，不能任意省略和无故残缺。例如："厂领导的做法，受到了全厂职工的热烈欢迎。对他们联系群众、实事求是的作风给以很高评价。"后一个句子就残缺句子成分——谁给以评价？少了主语，违反了语法规则，意义也就不明白了。

其次，句子中词语之间的搭配要恰当。词语相互搭配在一起，必须符合事理和习惯，否则就不通顺。例如："这种精神充满了各个村庄，开遍了全乡的各个角落。"精神无形，说它充满了某一空间，已经十分勉强，又说它开遍了各个角落，更是无稽之谈。改成"精神文明之花开遍了全乡"，才算通顺。

最后，造句还要讲究逻辑性。有些句子语法上没有问题，却出现了种属概念并列、自相矛盾等逻辑错误。例如："他们加强了对团员和青年的思想教育。"团员是青年的一部分，团员和青年是不能相互并列的。"把所有农产品都基本上纳入了计划轨道。""所有"表示全部，"基本"表示不完全，它们表述的意义产生了矛盾，读者不知道哪个词语表达的意义是可信的，就会无所适从。"向所有参加这次任务的广大科技工作者、干部职工和部队官兵，表示热烈祝贺和亲切慰问！"这个句子中"所有"与"广大"两个词语义重复。"他没有什么豪言壮语，也没有什么过高的奢望。""我亲眼目睹了家乡的巨大变化。""这个病例不仅国内没有见过，在世界上也是非常罕见。""一项高瞻远瞩的中央决策，吸引30万莘莘学子奔赴农村一线。"第一个句子中，"奢望"即"过高的希望"；第二个句子中，"目睹"已含有"亲眼看到"之意；第三个句子中，"罕见"就是"很少见到"的意思；第四个句子中"莘莘"为形容词，意为"众多的"，均不符合语法逻辑。有些单位领导在接待上级领导时常说："欢迎某某同志来我单位莅临指导"。"莅临"即为"来到"的意思，与前面的"来"字语义重复。很多公文中不时出现"涉及到""来自于""出自于""这其中""这其间"等表述，其实，"及"与"到"、"自"与"于"、"这"与"其"是一个意思。有的文稿提到"加强国际间交流"，"国际"即为"国与国之间"的意思。有的提到"要阅读报刊杂志"，"报刊"是报纸和刊物的合称。还有的提到"某某同志因公殉职"，"殉职"是指在职人员为公务而牺牲，可改为"某某同志以身殉职"。

语言运用中之所以出现一些毛病，主要是因为对一些字词的词义、词性一知半解或含混不清。要避免此类错误的发生，关键是要强化语言文字知识学习，加强对相关知识点的总结积累，遇有疑问、拿不准的字词，要查阅工具书，追根溯源，学懂弄通。

党政机关公文作为党政机关实施领导、履行职能、处理公务的具有特定效力和规范体式的文书，对语言文字的规范性、准确性、简洁性要求很高。公文写作人员要对每份文件稿都精雕细刻，仔细推敲，努力做到陈言务去、文风当简，切实维护公文的权威性和严肃性。

二、简练

1. 用语精确，以一当十

在生活中我们都有这样的体会：有时一两个词句，就能把要说的意思清楚完整地表达出来；有时说了很多话，要表达的意思却仍然不清楚。从理论上说，人类创造的成熟的语言，足以表达人类的常规的思想和情感，至于文学作品中那些复杂微妙的心境，有时只可意会，不可言传，只能借助形象曲折地加以表现，在公文写作中是不常出现的。公文写作中之所以有用语繁多而意思仍不明白的情况，多半是由于用语不精确，只好增加语句去弥补，结果反而是"言愈多而理愈乱"。

2. 尽量使用短句

"五四"时期，现代汉语的书面语言还不成熟，不少作家借鉴欧化的句法来写文章，句子写得长长的，句子内部的成分多多的，阅读起来虽别有风味，读者却常常需要再三反复，才能弄明白句子复杂的含义。这种现象现在已经很少了。邓小平同志语言的魅力就在于善于短句,《邓小平文选》中,10个字以下的短句,占到一半以上。如"要广开门路,多想办法,千方百计,解决问题。我们定下了一个雄心壮志,定下了一个奋斗目标,就要去实现,不能讲空话。"(《邓小平文选》第二卷第196页)再如,邓小平在概括1989年国际形势时说:"总之,对于国际形势,概括起来,就是三句话:第一句话,冷静观察;第二句话,稳住阵脚;第三句话,沉着应付。不要急,也急不得。要冷静、冷静、再冷静,埋头苦干,做好一件事,我们自己的事。"(《邓小平文选》第三卷第321页)著名作家老舍写文章,总喜欢写短句子,10个字左右一句。他认为,这样写,读者好读,意思也简练明白。有人统计过他的名篇《济南的冬天》,说其中超过11个字的句子只有6句,超过14个字的句子只有两句。请看下面的文句:

假若单单是有阳光,那也算不了出奇。请闭上眼睛想:一个老城,有山有水,全在蓝天底下,很暖和安适地睡着,只等春风来把它们唤醒,这是不是个理想的境界?

老舍用这样的短句,写出了多么精致而优美的文章!公文与文学虽然是不同性质的语言,但基本道理是相通的。为了做到简练,不妨学学老舍。

3. 适当采用文言词语

继承文言词语的一个主要原因,就是文言词语比现代汉语更精练。例如"来函收悉"4个字,要换成"来信收到,内容尽知",文字多了1倍,意思却一点儿也没增加,而且这还不是真正的白话,要换成"你们的来信我们收到了,其中的内容经过阅读都已明白了",才是真正的白话,可那岂不是大煞风景?

运用文言词语,要注意不得生吞活剥,食古不化,要适当、活用、自然、流畅。

三、质朴

1. 不做作，不生造

大方、庄重、朴实，是公文语言的基本风格。公文语言忌讳华丽、做作、卖弄。

做作、生造的原因有两个：一个是虚荣心导致的错觉，以为语言越新异越能显示作者的才华，于是生硬地造出一些自以为高超的新词来，向别人炫耀；另一个原因是对词语的运用还没有达到得心应手的程度，对其含义还不能准确辨析。只要端正文风，刻苦学习，这些毛病并不难克服。

2. 不溢美，不虚饰

溢美、虚饰，也是公文语言的大忌。例如：表扬一个医生医术高明，就说他是"当代华佗"；医德高尚，就说他是"当代白求恩"。说某人工作刻苦，动不动就说他废寝忘食，甚至说他连续几天几夜不合眼坚守在工作岗位上。这些溢美之词既不真实，也不感人，效果往往适得其反。还有人热衷于一些空洞轻浮的言辞，例如："一把手亲自抓，县委委员人人抓，分管委员认真抓，主管部门直接抓，有关部门配合抓，村镇党委层层抓"，这些语言，也许它的作者还颇为得意，认为自己抓住了经验，写出了文采。其实，这里面都是废话，什么经验也没有，尽是虚饰之词，也谈不上文采。

第四节
公文的类型

公文由于其传递方向、性质、密级、紧密程度和表达形式不同，有许多分类方法，常见的有以下几种。

1. 按公文的传递方向分类

按公文的传递方向可分为上行文、平行文和下行文。

（1）上行文

上行文是指下级机关向上级领导机关呈送的各类公文，如请示、报告等。"行文关系根据隶属关系和职权范围确定，一般不得越级请示和报告"（国务院国发〔2000〕23号），即下级机关只向直接主管的上级领导机关行文，特殊情况下才可越级行文。

（2）平行文

平行文是指同级机关或没有隶属关系的机关之间往来的各类公文，如通知、函等。同级行政机关、社会团体、企事业单位之间，不管属于什么地区和系统，只要有公务需要联系，都可以根据实际情况，以函的形式商洽工作、询问和答复问题、审批事项，也可以使用通知。

（3）下行文

下行文是指上级机关向所属下级机关发送的各类公文，如命令（令）、决定、决议、布告（公告、通告）、通知、通报、批复等。下行文可以逐级行文，即上级机关只把公文下发到直属的下一级机关；也可以多级行文，即上级机关可将公文同时下发到其领导范围内的多层机关；还可以直接发送到人民群众，即上级领导机关通过登报、张贴、广播电视传送等形式，直接向广大人民群众行文。

上行文、平行文、下行文都可以是同级政府、同级政府部门、上级政府部门与下一级政府联合行文，也可以是政府与同级党委和军队机关联合行文，还可以是政府部门与同级人民团体和具有行政职能的事业单位联合行文。

2. 按公文的性质分类

按公文的性质可分为规定性公文、指导性公文、公布性公文、商洽性公文、计划性公文和证明性公文。

（1）规定性公文

规定性公文是指行政机关对某项具体工作或行动做出直接、明确、规范要求的具有约束力的公文，如规定、规则、办法、意见等。规定性公文以行文的针对性、使用的普遍性为显著特点，即都是针对国家事务和社会生活中出现的带有倾向性的问题、需要规范和约束的事务而制定的，内容以说明为主，多用肯定语气，简明扼要。

（2）指导性公文

指导性公文是指上级机关对下级机关布置工作、阐明工作活动的指导原则、方法和措施时使用的公文，如批复、通知等。指导性公文是下级机关开展和安排工作的依据，也是上级机关解决问题和指导工作的手段。它直接体现上级机关的意见，反映上级机关的意图，内容明确具体，语言精练确切，带有一定的强制性。

（3）公布性公文

公布性公文是指有关机关向有关方面或广大群众公布应当普遍遵守或广泛知照的事项时使用的公文，如布告、公告、通告、通报等。公布性公文一般没有具体的受文对象，主要以登报、广播和张贴等形式发布，语言庄重，用语严谨，简明易懂。

（4）商洽性公文

商洽性公文是指不相隶属机关或单位之间相互商洽工作、询问或答复问题，向有关主管部门请求批准有关事项等使用的公文，如函等。商洽性公文以其灵活简便而深受各机关、部队、团体、企事业单位的青睐，也以其具有广泛的用途而受器重，所以使用频率极高。

（5）计划性公文

计划性公文是指行政机关对一定时期内的工作事先进行筹划安排所形成的公文，如规划、计划、方案、要点等。计划性公文在内容上一般重点突出、目标明确、任务具体、要求可行、措施得当，并且具有预设性、针对性、指导性等特点。

（6）证明性公文

证明性公文是指有关单位向有关方面提供某件事情或某个人身份、经历、职务、职称、工作等真实状况的公文，如介绍信、证明信等。制式介绍信、制式证件，简明、正规、有编号，使用频率高，为大多数单位所采用。

3. 按公文内容的秘密程度分类

按公文内容的秘密程度可分为绝密公文、机密公文和秘密公文。

绝密、机密、秘密公文，是指内容涉及党和国家的机密，需要控制知密范围和知密对象的公文。

（1）绝密公文

绝密公文是涉及党和国家最重要秘密的公文，泄露会使国家的安全和利益遭受特别严重的损害。

（2）机密公文

机密公文是涉及党和国家重要秘密的公文，泄露会使国家的安全和利益遭受严重的损害。

（3）秘密公文

秘密公文是涉及党和国家一般秘密的公文，泄露会使国家的安全和利益遭受损害。

4. 按公文的紧急程度、承办时限要求分类

按公文的紧急程度、承办时限要求可分为"特提""特急""加急""平急"公文。

（1）特提公文

特提公文是指事情特别重大、特殊紧急，需要打破常规，随到随优先迅速传递处理的公文。特提公文是国务院新的公文处理办法为电报新设的紧急等级，强调其在公文处理中的特殊性。

（2）特急公文

特急公文是指内容特别重要，情况特别紧急，需迅速传递办理的公文。特急公文是发文机关对受文机关处理时限要求紧迫的公文，它要求在安全、保密的前提下，把承办时间压缩到最低限度。

（3）加急公文

加急公文是指内容很重要、情况很紧急，需要马上传递的公文，如公文中的"加急"件、电报中的"加急"件等。加急公文在紧急程度上仅次于特急公文，受文机关在处理中也要求争分夺秒，以免延误时间。

（4）平急公文

平急公文是指内容比较重要、情况比较紧急、应该及时传递办理的公文，如公文中的"急件"、电报中的"平急"件等。平急公文虽然在急缓程度上比特提件、特急件、加急件差一些，但时限要求也很急，切不可掉以轻心。

5. 按公文的信息表达形式分类

按公文的信息表达形式可分为：文件式公文、表格式公文和图形式公文。

（1）文件式公文

文件式公文是指通篇主要以文字为信息表达形式的公文，如通知、请

示、报告等。文件式公文是公文中的主要形式。

（2）表格式公文

表格式公文是指对部分规定程序明确的项目用表格作为信息表达形式的公文，如呈报表、审批表等。表格式公文对简化手续、方便工作、减少公文十分有利，而且在某些方面较之文件式公文更直观、更具体。但实践中，"表格"往往作为正式公文的附件。

（3）图形式公文

图形式公文是指主要以图形为信息表达形式的公文。

6. 按公文载体材料分类

按公文载体材料可分为：纸质公文、磁介质公文、感光介质公文和电子公文。

（1）纸质公文

纸质公文是指外在形式以各种纸张、纸板为载体的公文。纸质公文是沿用时间最长、使用最普遍的公文。

（2）磁介质公文

磁介质公文是指外在形式以光盘等含有磁性材料作为载体的公文。磁介质公文是近几年随着科技革命的发展而被越来越多采用的一种公文。

（3）感光介质公文

感光介质公文是指外在形式以胶片等感光材料作为载体的公文。感光介质公文与磁介质公文一样，虽然起步较晚，但发展很快，是公文载体材料的新生力量。

（4）电子公文

电子公文是指在计算机系统中形成、处理、传输和存储的电子文件。电子公文不同于电子杂志、电子书籍、电子广告等电子信息，它直接参与公务活动，并成为公务活动的组成部分或重要工具。

第五节
公文的表达方式

公文的表达方式主要有叙述、议论和说明三种。公文都属于应用文，不能用通常的记叙、议论、说明三大文体的标准去分类。在公文内部，虽然表达方式有时仍可作为区分公文内部不同文体的参考因素，如决议——议论成分比较多，通报——叙事的成分也较多，但在多数情况下，公文的表达方式是综合运用的。

一、叙述

在公文中，叙述运用得十分普遍。决议中提供的事实论据，报告中对事件前因后果的汇报，通报中对先进事迹或错误事实的交代，调查报告和总结中对事件和现象的转达，都要使用叙述。叙述的人称有两种，分别是第一人称叙述和第三人称叙述。在公文中，这两种叙述人称都被广泛采用。报告、请示、总结用的是第一人称叙述，下行公文、调查报告大多用第三人称叙述。按照不同的分法，叙述的类型可以分很多种。

1. 按详略程度分类

按照详略程度的不同，叙述可分为概叙和细叙两种类型。

（1）概叙

粗略简练、只介绍事件梗概的叙述叫概叙，它的特点是篇幅不长，语言简明，事实完整，但缺少细节。下面就是一段概叙：

  2006年1月4日，学校党委召开由中层领导干部、专家学者、优秀中青年教师和离退休职工代表参加的调研会，全面征集对学校党政工作和班子成员的意见和建议。到会代表共77人，收回调研表74份。参加调研的同志以对学校工作高度负责的精神，结合学校的工作实际和个人的切身感受，对学校近年来取得的进展和党政班子的工作给予了充分肯定，同时也对学校工作中存在的问题提出了许多中肯的、有建设性的意见和建议。

  把事件发生所占的时间长度和叙述所占的时间长度进行比较，事件时间要远远长于叙述时间，这是概述的本质性特征。有时，两者之间的差数会大得惊人，譬如，事件的发生经历了若干年，而叙述这一事件却只用几秒或十几秒钟。在公文写作中，概叙的手法用得比较多。因为公文不是记叙文，不是文学作品，无须制造氛围、渲染细节，叙事的目的只是为了让读者了解有关情况，或者为议论提供论据，概叙完全可以担当这些职责。

  （2）细叙

  细叙就是详细叙述，它所叙述的不只是事件的梗概，还有较多的细节。细叙的特点是详尽具体，篇幅较长。例如：

  11月3日晚上9时，王××在宿舍里插上电炉煮面条，被班长李××看到。李××警告说，工地规定不准私自使用电炉，要王××注意，并要他用完后拔掉电源，但没有当即制止王××的行为。王××刚煮完面条，就有人邀他同去看电影。王××在没有切断电炉电源的情况下就离开了宿舍。10时30分左右，电路因负载过大开始自燃，并引着了周围的易燃物质，酿成了火灾。

  在细叙中，事件发生所用的时间和叙事所用的时间，比例比较接近，有时甚至可以达到1∶1，也就是说，事件的发生用了多长时间，叙述清楚这件事大致上也要用多长时间。这种叙述在公文中运用得不多，只有在表彰或惩戒性的决定和通报中，有时可能会采用。

2. 按照叙述次序分类

按照次序的不同,叙述可分为顺叙、倒叙、插叙和分叙四种类型。

(1) 顺叙

顺叙就是完全按照事件发生的时间顺序叙述,先发生的先说,后发生的后说。这是叙述中最常见、最基本的叙述方式,也是最原始的叙述方式。人类的祖先在刚刚学会叙事时,就只会这样进行叙述。顺叙的优点是线索清楚,层次分明,合乎人们认识事物的习惯,便于掌握也便于理解。但是也有一些缺点:容易平铺直叙,记流水账,呆板,平淡,缺乏新鲜感。公文中的叙述,只求事实清楚、完整,不求新鲜、生动,所以大部分叙述都是顺叙。

(2) 倒叙

倒叙并不是将时间顺序完全倒过来叙述。完全逆时间方向叙述,既没有可能,也没有必要,就像一个人说话不可能也不必要从最后一个字开始说起,到开头那个字为止一样。倒叙实质上只是顺叙的局部变异或调整。把事件的结局或事件发展的某一个阶段提到前面先行叙述,然后再按时间顺序叙述事件的全过程,这样的叙述就是倒叙。倒叙的优点是能突出结果,造成悬念,引人入胜。缺点是有违自然形态,把握不好就成了故弄玄虚。倒叙在文学作品中运用广泛,在公文中极少见到,我们认识它的目的并不是在公文写作实践中运用它,而是为了防止它的出现,以免给公文的文体本性造成伤害。

(3) 插叙

复杂的事件往往是事件牵起事件,此物引出彼物。把所有的内容都贯穿在一条线索上有条不紊地进行叙述,有时是非常困难的。常常不得不中断原来的线索,插入对另一个事件的交代或者对另一种事物的介绍。这种中断对主要事件的叙述而插入另一段相关事实的叙述,就是插叙。插入的相关内容完毕后,一般还要回到原来中断的地方继续叙述下去。

公文中的叙述,只交代主要事件的基本情况,线索单纯,不像文学作品那样刻意追求情节的复杂多变,因此对插叙运用得很少。

（4）分叙

对同一时间内发生在不同地方或单位的事件，采用"花开两朵，各表一枝"的方法，分别先后进行叙述，这种叙述方式就是分叙。

分叙在公文中用得也不多，但当用时不可不用。例如，表彰性通报在叙述不同单位在事件中的积极作用时，就有可能用到分叙。

实际写作过程中，叙述有六个要素：时间、地点、人物、事件、原因、结果。对这些要素的把握可以有一定的灵活性，其中事件是最主要的，但事件就是人物的行动，不涉及人物的事件是没有的；事件发生的时间和地点如果不清楚，读者就无法认识和评价这一事件的意义；原因和结果，实际上是事件的组成部分。这些要素，在叙述中不得无故残缺。

二、议论

议论就是对某一事件或问题发表见解，表明观点和态度，并以充分的材料证明自己观点的正确性。这种表达方式在议论文中运用很多，在公文中的运用也极为广泛，下面介绍一下论证的几种基本方法。

1. 立论的基本方法

（1）例证法

例证法就是通过列举事实来证明论点的方法。由于人们最相信的就是眼前的事实，因此有"事实胜于雄辩"的说法，所以，这是一种最容易被读者接受、最有说服力的方法，也是议论中采用最多的论证方法。

（2）引证法

引证法是运用理论论据时采用的一种论证方法。所引用的，大多是公认的真理、名言、警句，具有一定的权威性，因此也有很强的说服力。我们在议论性文章中常见引用马列主义经典语录、孔孟、老庄及西方哲人名言的情况，都属于这种论证方法。

（3）对比法

对比法就是把两个特征相反的事物或者一个事物截然不同的两个侧面

加以比较和对照，目的是使那些彼此不同的性质和特点显现得更加鲜明突出。在公文写作中运用对比，便于肯定先进，否定落后，发扬成绩，纠正错误。

（4）类比法

类比法和对比法都是比较法，但彼此的特点很不相同。类比法是将性质特点相近的事物放在一起比较，从而达到准确认识事物的目的。在公文写作中，把一些规模、条件彼此相似的单位、企业进行比较的方法，运用得比较普遍。

（5）因果推论法

由原因推导结果，或者反过来由结果推导原因的论证方法，就是因果推论法。有些原因必然会导致某种结果，某种结果出现后，我们也不难推导出其产生的原因。

2. 驳论的基本方法

（1）反驳论点

反驳论点就是运用以上方法，直接证明所反驳的论点是错误的。在反驳论点时，较多采用的是例证、引证、因果推论等具体方法。

（2）反驳论据

反驳论据不直接反驳对方的论点，而是指出对方赖以产生论点的论据不可靠。论据不能成立，它所支持的论点自然不攻自破。

（3）反驳论证

反驳论证这种方法也不直接反驳论点，而是寻找对方论证过程中的逻辑漏洞，从而指出对方的推理不能成立。譬如，指出对方概念不清、偷换概念、自相矛盾，等等。对方的论证有问题，所得出的结论当然也是不可靠的，这样就达到了驳倒对方论点的目的。

三、说明

说明是用简明扼要的文字，将客观事物或事理的形状、性质、特征、成因、关系、功用等属性解说清楚的表达方式。说明的表达对象是客观化的事物或其事理。如果说叙述表达的是感性认识,议论表达的是理性认识,那么说明表达的就是知性认识。解释概念、介绍科学知识,所运用的表达方式就是说明。譬如,我们这本介绍公文写作知识的书,就主要是用说明的方式写作的。

1. 说明的类型

说明有事物说明和事理说明两大类型。

(1) 事物说明

凡以某一个客观存在物为对象的说明,都是事物说明。如介绍某一产品,或者介绍某一组织的历史状况。

(2) 事理说明

凡以抽象的概念或科学道理为对象的说明,都是事理说明。如解释什么是公文,宣传有关宇宙形成的原理来说明世界上没有神仙和灵魂等。事理说明虽不直接指向某一具体事物,但是,所介绍的知识都是客观事物的基本特征和规律,仍有很强的客观性特点,跟思想和感情等主观认识有明显不同。

2. 说明的基本要求

(1) 态度必须客观

说明的对象是客观事物和它们的事理,这些都是不以人的意志为转移的。所以,说明的内容,只具有对客观事物发现认知的性质,而没有主观创造的性质。而人的思想和感情,虽然也要受客观世界的影响和支配,但其主观创造的因素很多,这就是议论、抒情和说明的本质区别。如果在说明的时候态度不客观,有作者个人的情感好恶或先入为主的偏见,就会妨碍说明的准确性和科学性。

(2) 内容必须科学

所谓科学,就是对客观事物的特征、本质、规律把握得十分准确,能够经得起时间和实践的检验。

（3）表达必须精确

精确表现在两个方面：一是对事物的阶段、层次、构造的把握要精确，这样才能保证说明过程脉络清楚、层次分明；二是说明的文字，意义要明晰、精练、准确，不冗繁，不含混，没有歧义，这样才能恰当地表现出客观事物的本来面目。

第六节
公文格式的特点

一、公文格式的规范化

公文既然是人类处理生产劳动和社会活动的工具，人们周围所发生的一切事情都要通过公文这个工具来进行管理和处理。由于公文工作是一项普遍性和基础性的工作，因此不能削弱，只能改革和加强。这样公文的规范化和处理工作的制度化就提到议事日程上来了。

所谓公文规范化，指的是公文的约定俗成或是明文规定的规格标准。规范化就是制定公文的全面系统的规格标准，使人们的工作行动合乎这些规格标准。

所谓制度，就是要求大家共同遵守的办事规程和行动准则。公文处理的制度化，是指对公文处理的全部活动都定出具体的处理规范，并且保证这些规范正确顺利地实施，使公文处理依法进行。

《党政机关公文格式》就属于党政机关公文处理的法规性文件，也就是党政行政机关公文处理中需要共同遵守的制度。

经中共中央办公厅和国务院办公厅提出的 2012 年由国家质量监督检验检疫总局和国家标准化管理委员会发布的《党政机关公文格式》国家标准（GB/T9704—2012），把我国的党政机关公文格式纳入了国家标准体系，使我国党政机关公文规范化、标准化。

二、公文格式的法定性

公文写作，在不同的历史时期、不同的社会，写作要求是不一样的。回顾几千年的中国历史，我国的公文一直是为少数封建统治阶级和官僚服务，一直是他们剥削和压迫广大人民群众，维护其统治地位的工具。新中国成立后，我们党和国家领导的几十年公文改革，彻底地改变了公文的性质，把公文变成了为广大人民群众服务，推动社会主义发展、推动经济发展和社会进步的工具。我国新型公文表现出三大特点：

第一，坚持公文的原则性和严肃性，使我们的公文在广大人民群众中享有崇高的威望和法定效果。

第二，运转迅速、工作效率高。由于公文有了党和国家的正确指导，有了严格健全的纪律和制度，因此，在上情下达、下情上传、横向沟通上体现出迅速、准确、无误。

第三，廉洁奉公、全心全意为人民服务。

这三大特点就体现出我国公文格式所具有的法定性。

三、公文格式的层次性

在现代社会中，每个国家都使用公文这种工具来实施管理。但每个国家的内部又分由很多政府部门来进行管理。这样就形成一个国家的全部公文构成国家公文体系，它反映着国家机关的体系即国家机构的状况；每个国家的内部机关的公文成为国家公文的一个子系统，所有国家机关内部的公文子系统综合汇总构成国家行政机关公文体系。这一构成情况就反映出公文的层次性。

我国现阶段国家公文体系就包括中国共产党机关文件、政府机关文件（国家行政机关公文）、司法机关文件、外交部门文件、军事机关文件和行政法规等公文子系统。这种公文系统反映了我国政治体制（制度）的本质特性，也反映出具有中国特色的社会主义国家公文的层次性。

四、公文的美观和庄重性

公文格式的美观和庄重性，是公文格式的又一特性。它是反映不同层级、不同用途的公文经约定俗成后形成的不同表述形式。

公文格式的美观和庄重性包括三方面内容：一是公文要素的设置和在公文中的排列位置要体现美观和庄重；二是公文传递所采用的介质纸的质量和印刷质量、装订质量的好坏，也影响到公文的美观与庄重性；三是办文人员在办公过程中认真负责的态度，也影响到公文的美观与庄重性。

《党政机关公文格式》国家标准（GB／T9704—2012）中规定的公文用纸技术要求、用纸的大小，印刷排版和装订要求直到公文中各要素排列位置。这一切就体现出党政机关公文的美观和庄重性。

第七节
公文的行文规范

按照一定的规定或准则来维护机关之间的行文秩序称为行文规范。公文行文规范的内容包括行文关系、行文方向与方式、行文规则以及办理程序四个方面。

一、行文关系

公文的行文关系是指发文机关与收文机关之间的公文往来关系。具体地说，行文关系是根据机关的组织系统、领导关系和职权范围所确定的机关之间的文件授受关系。国家行政机关的隶属关系和职权范围是由《中华人民共和国宪法》规定的，地方各级人民政府服从国务院（中央人民政府）是我国各级行政机关行文关系的基本准则。党的各级组织的隶属关系和职权范围是由《中国共产党章程》规定的。下级服从上级，全党服从中央是党的各级组织行文关系的基本准则。

二、行文方向与方式

根据机关之间的不同的行文关系，可以将机关的行文分为下行、上行和平行三个方向，并根据机关工作的需要分为三种行文方式。

1. 下行文

下行文是指上级领导机关或业务主管部门对所属下级机关或业务部门

的一种行文。根据发文的不同目的和要求，下行文可分为三种行文方式：

逐级下行文。

多级下行文。

直达基层组织和群众的下行文。

2. 上行文

上行文是指下级机关或业务部门向所属上级领导机关或业务主管部门的一种行文。根据发文机关的实际工作需要，上行文又可以分为三种行文方式：

逐级上行文，这是上行文中最基本、最常用的一种方式。

多级上行文。

越级上行文。

3. 平行文

平行文是指同级机关或者不相隶属的、没有领导与指导关系的机关之间的行文。

三、行文规则

1. 公文写作的一般步骤和方法

明确发文主旨。

收集有关材料。

拟出写作提纲。

认真起草正文。

反复检查修改。

2. 公文写作人员的素质修养

政治素质好。

有一定的政策理论水平。

熟悉业务和机关工作情况。

有较宽的知识面。

有较好的文字功底。

四、公文办理程序

公文办理程序就是指公文在机关内部从形成到运转处理所必须经过的一系列环节。公文办理程序包括收文办理和发文办理两个部分。

1. 收文

收文，是指机关文书部门收进外单位发来的文件材料。收文办理是指文书部门收到文件材料后，在机关内部及时运转直到阅办完毕的全过程。组成这一过程的一系列相互衔接的环节称为收文办理程序。主要有：签收、拆封与登记、分发与传阅；拟办、批办与承办；催办、查办与注办。

2. 发文

发文，是指机关文书部门根据本机关的工作需要向外发出文件材料，包括本机关制发、转发、翻印、复印的文件材料等。发文办理，就是指文书从拟稿到印制发出的整个运行过程。发文办理程序由拟稿、审核与签发，核发、缮印与校对，用印、登记与分发等环节组成。

五、公文处理工作的基本原则

《条例》第5条规定了实事求是、准确规范、精简高效、安全保密等4条党政机关公文处理工作应当坚持的基本原则。

1. 实事求是原则

实事求是是我们党的思想路线，也是我们党对一切工作的总要求。公文作为党政机关实施领导、履行职能、处理公务的文书，首要的就是必须全面准确地反映客观实际，做到实事求是。坚持实事求是原则，关键要做到以下两点：一是发文要立足实际。要根据实际需要发文，不能为发文而发文，可发可不发的、不该发的文坚决不发，真正做到发文确有需要、确有必要。二是拟文要切合实际。首先公文中提出的措施要具体可行，能够有助于解决实际困难和问题；其次，阐述的内容要重点突出、观点鲜明，不模棱两可、简洁明了，有话则长、无话则短；最后，办文要结合实际。要紧密结合上级的要求和本单位的实际情况，注意不断总结实际经验，严格规范办文流程,着力提高办文水平,努力让办理的每一个公文都经得起实践和历史的检验。

2. 准确规范原则

准确是公文的生命线,规范是公文的基本要求。公文要做到准确规范,有三方面要求。一是把好质量关。要切实提高责任意识,把"质量第一"要求贯穿到公文处理的各个环节和全过程,真正做到严谨细致、精益求精,确保零差错、零失误。二是把好程序关。遵守程序是减少差错的最佳方法。要严格遵循《党政机关公文处理工作条例》在公文种类、公文格式、行文规则和公文管理等方面的要求,按程序、按规矩办文。三是把好出口和入口。要严格标准、从严要求,把好发文关,不让不合格公文发出去;把好收文关,不能把不合规的公文收进来。

3. 精简高效原则

所谓精简,就是要尽量少发文,发短文;所谓高效,就是要迅速及时。"言当其时,一字千金;言背其时,一文不值。"要切实增强效率观念,优化工作流程,完善运行机制,在公文拟制、办理、流转等环节中,做到一环扣一环,最大限度缩短公文处理时间。要根据公文内容的不同,区分主次先后和轻重缓急,坚持急件先办、特件特办,对重要件随时随办,确保不积压、不拖延、不误事。要建立健全应急办文机制,制定应急预案,加强实战演练,确保关键时刻拉得出、打得赢。要坚持开拓创新,不断改进公文处理方法手段,不断提高处理效率。

4. 安全保密原则

党政机关的公文中涉及党和国家秘密,一般企事业单位的公文中往往也包含很多尚未公布或不宜周知的内容,公文处理中一定要注意安全保密,这是工作的底线。涉密公文在拟制、办理、管理的每一个环节都要做到安全保密,任何一个环节出现隐患,都可能造成失泄密事故,给工作带来被动,造成损失。要加强保密教育管理,强化保密措施,经常开展保密检查,杜绝泄密事件发生。

第八节
机关公文用字规范

机关公文用字规范及注意事项主要包括以下几个方面。

一、《党政机关公文处理工作条例》（中办发〔2012〕14号）第十九条起草公文应当做到：

（一）符合国家法律法规和党的路线方针政策，完整准确体现发文机关意图，并同现行有关公文相衔接。

（二）一切从实际出发，分析问题实事求是，所提政策措施和办法切实可行。

（三）内容简洁，主题突出，观点鲜明，结构严谨，表述准确，文字精练。

（四）文种正确，格式规范。

（五）深入调查研究，充分进行论证，广泛听取意见。

（六）公文涉及其他地区或者部门职权范围内的事项，起草单位必须征求相关地区或者部门意见，力求达成一致。

（七）机关负责人应当主持、指导重要公文起草工作。

二、公文序次语的正确使用

序次语是指标示公文内容先后次序的汉字、数字和字母等。公文中容易用错序次语的几种情况如下。

（一）用"第""其""首先"等作序次语时，应当在其后使用逗号，不宜使用其他标点。例如：

第一，……；第二，……；第三，……

其一，……；其二，……；其三，……

首先，……；其次，……；再次，……；最后，……

值得注意的是，上述三套序次语相互独立，不能混用，如不能说"第一，……；其次，……""其一，……；第二，……""首先，……；其次，……；第三，……"等。在"第二""其二""其次"之前，可用分号，也可用句号。如果内容简短，宜用分号；如果较长，可用句号。但如果"第一"等后的行文中已经使用过句号，末尾则不能再用分号，只能用句号。

（二）用不带括号的汉字数字或者"甲、乙……"作序次语时，其后要用顿号，不宜用逗号。

（三）用不带括号的阿拉伯数字、拉丁字母作序次语时，其后用下脚点。特别要注意，"1""A""a"等后面不能用顿号，因为阿拉伯数字、拉丁字母与汉语书面语中的顿号不相匹配。

（四）加了括号的序次语后面不宜加顿号、逗号等标点。

（五）用于条款的序次语后多通过空格来表示停顿。在列举式或条文式表述中使用序次语时，应尽量避免套用冒号，如不得不套用，可另起一行来显示不同的层次。例如：

第十条 遗产按照下列顺序继承：

第一顺序：配偶、子女、父母

第二顺序：兄弟姐妹、祖父母、外祖父母

（六）注意序次语的使用层次。通常来说，公文序次语共有六层，第一层为带有顿号的汉字数字，第二层为带括号的汉字数字，第三层为带下脚点的阿拉伯数字，第四层为带括号的阿拉伯数字，第五层为大写拉丁字母，第六层为带圈的阿拉伯数字或小写拉丁字母。即：

一、……

（一）……

　　1.……

　　　（1）……

　　A.……

　①/a.……

　　这是使用序次语的习惯用法，具体可根据公文特点选择从某一层序次语开始行文，选定之后按照序次语的层次向下行文，较低层次之后不能反过来再使用层次更高的序次语。当然，也可根据需要省去中间的若干层次。

　　（七）一般情况下，如果较高层次的序次语（如："一""（一）""1"）后面均有小标题，则要求标题单独成行，标题末尾不加标点，正文另起一段。

三、其他注意事项

1. 关于汉字排序问题

　　第一，按汉字笔画多少排列先后。

　　第二，笔画相同的汉字，按第一笔的笔画排列先后：横（提）、竖（竖钩）、撇（横撇、竖撇）、点（捺）、折。

　　如：打、巧

2. 标点符号使用中容易出错的几个问题

　　第一，顿号：表示约数的两个数字之间不能用顿号。

　　如：三四天　七八岁　三五成群

　　引号、书名号之间的顿号可不用，全篇要统一。

　　省略号后不能再用点号。

　　第二，冒号：占一个字的位置，居左偏下（：），数学中的比例号则居中（：）。请注意二者的区别。

3. 关于数字用法

第一，适用范围：各级新闻报刊、普及性读物、专业性人文科学出版物。

第二，不适用范围：文学书刊、重排古籍。

第三，必须使用阿拉伯数字的情况：统计表中的各类数值。

第四，应该使用阿拉伯数字的情况：公历世纪、年代、年、月、日、时、分、秒。

第五，必须使用汉字的情况：定型的词，如，一律（不能写作1律）；词组，如，星期四（不能写作星期4）；成语，如，七上八下（不能写作7上8下）。

第六，应该使用汉字的情况：惯用语，如，不管三七二十一（不能写作不管3721）；缩略语，如，十九届三中全会（不能写作19届3中全会）；具有修辞色彩的词语，如，白发三千丈（不能写作白发3000丈）；中国干支纪年和夏历月日，如，甲申年三月初九（不能写作3月初9）。

第七，含有月日简称表示事件、节日和其他意义的词组，如：

"一·二八"事变（不能写作"1·28"事变）

"一二·九"运动（不能写作"12·9"运动）

"九一三"事件（不能写作"9·13"事件）

五一国际劳动节（不能写作51国际劳动节）

可以使用阿拉伯数字的情况："3·15"消费者权益保护日、"9·11"事件、"11·10"案件。

第八，关于"〇"的问题：二〇〇五年（正确），二零零五年（错误），二00五年（错误），二OO五年（错误）。

四、关于汉语拼音的使用

第一，要注意分词连写：表示一个整体概念的双音节和三音节结构连写。如：

音节 yīnjié　爱鸟周 àiniǎozhōu

第二，表示一个整体概念的名称，四音节以上的：

一般要按词分写。如：无缝钢管 wúfèng gāngguǎn

不能按词划分的，才连写。如：红十字会 hóngshízìhuì

第三，单音节词重叠连写。如：人人 rénrén

双音节词重叠分写。如：研究研究 yánjiū yánjiū

第四，动词（或形容词）和补语，两者都是单音节的，连写。如：打死 dásǐ。其余分写。如：整理好 zhěnglǐ hǎo

第五，短横在拼写中的使用：

缩略语词，如：环保 huán-bǎo　中小学　zhōng-xiǎoxué

约数，如：三五天　sān-wǔ tiān　十七八岁　shíqī-bāsuì

能按两段来念的四言成语，如：爱憎分明　àizēng-fēnmíng

颠三倒四 diānsān-dǎosì

第六，大写字母的使用：人名、地名等专有名词的首字母。如：

扬州 Yángzhōu（不能拼成 yángzhōu）

一句话开头的首字母：诗歌的每一行开头的首字母。

企事业名称、商品名称、街名牌、站牌和书刊名称等可以全用大写字母。

五、公文写作字词规范

1. 字的书写要规范

不用错字、别字、异体字，包括不用胡乱简化的字，一切以国家语言文字工作委员会颁布的汉字简化表为标准。这就是公文的书写规范。

2. 词，不要生造词头

注意正确运用现代高科技新术语；用书面语，不用口语；用现代汉语，除已通用的个别文言词（如"其、之、者、所"）、广泛使用的成语之外，不要文白夹杂，故意简古。这也是文风问题。重叠式要慎用，如可用"方方面面""形形色色"，不可以用"开开心心"。

3. 遣词造句，也要规范

除"值此……之际"等已经通用的句式外，一般不用文言句式。重视"约定俗成"的习惯，不用"好好看""我紧张你""特科长"等世俗新语。

4. 标点符号要使用正确

常用的 16 种标点符号，要以国家质量监督检验检疫总局、国家标准化管理委员会所颁布的《标点符号用法》(自 2012 年 6 月 1 日起实施)为标准。

要做到字词规范，标点正确，首先要明确标准，还要靠平时多读、多写、多留心、多查阅、多商量，更重要的是增强责任心。只有这样，才能减少遣词造句的错误的发生。

第九节
公文写作要求及方法

一、公文写作的基本要求

1. 准确、实际

公文是办事的工具,要用它指导工作和处理问题,这个根本性质要求撰写公文必须实事求是,一就是一,二就是二,不能凭主观想象,把事实夸大或缩小,或说假话空话。否则,不是一纸空文难以实行,就是干扰工作,甚至会造成工作损失和影响。要文字朴实,注意用词分寸。引用和涉及的事实、数字、人名、地名等,必须认真核对,避免差错和出入。

2. 生动、及时

(1) 生动

一是能够生动地指导实际工作。运用文件指导和推动工作,既要坚决遵循上级精神,又要善于发现和创造本单位典型经验,指导工作和创新局面。不要照抄照转上级指示,千篇一律地转发通知,只起到收发室、转运站的作用。二是使用的语言和选用的材料也要生动活泼,吸引人并具有说服力。文件的语言注重朴实、精确,不使用华丽的辞藻,不运用过多的形容和描述,并不等于写得呆板枯燥。特别是写工作简报、讲话稿、工作报告、经验总结等文件,要注意在比较抽象概括的叙述中穿插一些具体数字、事例和思想反映，选用一些适当的比喻、群众性的语言等，使叙述的语言适当形象化，有感情、有趣味，生动真实，具有说服力，让人读后留下深刻的印象。

（2）及时

文件的时间性很强，发文及时与否关系到文件的效用。无论反映情况还是指导工作的文件，都要发得及时，否则变成"马后炮"。比如，当年的计划直到第二季度才写出来；一份工作要求的通知等到面上的工作已经进入收尾阶段才发出去；总结在工作结束半年后才着手写等。行文拖拉，就会贻误时机，造成工作被动。

3. 简练、明确

公文便于阅读和处理，须写得简练。比如：一份工作报告不能像报告文学那样把人的思想感情和活动写得很细腻；一份通知，也不能像学术论文那样详细论证它的道理。文件的篇幅要尽可能短些，用最简练的文字把发文意图表达清楚。

要把文件写得简练、明确，首先要对工作情况、存在的问题、采取的措施和步骤等，进行清楚的分析和概括。如果认识模糊，抓不住症结和主要问题，写起来就不能层次清晰、文字简练而又明确。其次要在炼字、炼句上下功夫，学会用最简练的文字，准确说明问题。初稿拟出后，要反复删改，毫不吝惜地去掉那些多余的、可以简缩的字句。

从写作方法说，要开门见山，如公文常用"根据……""为了……""关于……""目前……"等作开头语，直截了当提出问题。文件的开头，不必写一大串一般化的形势、口号等套语。正文的首段宜点明主题，以便分清段落或者列出条目，使全文层次清楚，主题鲜明，便于阅读。

4. 符合规定体式

公文写作必须符合统一规定的体式，不能随意出手，以免不伦不类。

二、撰写公文的方法

1. 明确发文的主题和目的

主题是作者说明的问题，通过全部文章内容所表达的基本意见和中心思想。主题的形成大致有三：一是主题在成文前确定。即"主题先行"，这是公文有别于其他文体的主要特征之一。主题不是通过提炼产生的。成文前，根据领导意图、上级的有关精神，或有关文件、政策等规定要求，预先确定一个主题，然后再组织材料，实施写作。二是主题在调研后产生。在得到材料后，进行分析、归纳，最后产生的结论就是主题。三是调研后主题的改变。通过调研，又获得丰富材料后，与原既定主题有差别，重新确定主题。

发文的主题和目的主要包括以下几点：

第一，文件的中心内容写什么，抓什么问题，解决问题的主要意见、措施是什么，请示时拟请上级机关主要解决什么问题。

第二，准备用什么文种，文种不同，写法有所不同。如向上级汇报工作，是写专题报告，还是情况简报。

第三，发送和阅读的对象是什么范围，如写工作总结是上报领导机关，还是向下属单位介绍工作经验。阅读对象不同，语气和详简程度有所区别。

第四，发文的具体要求是什么。如要求对方了解，还是答复批转，要求对方贯彻执行，还是供对方参照参考等。

2. 收集有关材料，进行调查研究

发文的目的和主题确定后，要围绕主题收集材料，进行一定的调研工作。这一步工作，并不是对每个文种的写作要求。比如，写一个通知、公函、请示等，一般并不需要专门收集材料和调研。而对较复杂的公文，往往需要收集材料和调研。如工作计划、调研报告、工作总结等。收集材料和调研是一个充分酝酿和构思的过程，不仅可使基本观点逐渐深化和成熟，还可以通过收集典型材料、有关统计数字等，为文件的写作奠定基础。

3. 拟出提纲，安排结构

简短的文件不需要拟提纲就可以直接写了，篇幅较长的文件，就需要先拟一个写作提纲，对文件的结构先有个通盘设计，把它的主要框架勾画出来，这样有利于顺利进行写作，避免半路返工。

提纲可根据篇幅大小确定，篇幅不太长的，可安排一下正文的结构，先写什么问题，依次再写什么问题，一共分为几段、几层意思等。篇幅长的、非常重要的文件，需拟出较详细提纲，包括正文几个部分，每部分讲几个问题，各问题的题目要点，哪一部分、哪一个问题准备使用什么具体材料说明等。重要的领导指导文件，主要执笔人拟出提纲后，还要反复讨论修改补充。几个人共写的文件，更要先拟提纲，以免写得前后重复、脱节或互相矛盾。

4. 起草正文

一是要注意观点鲜明，观点和材料结合得要好。二是文字要简练，交代的问题要清楚。观点和材料结合得好，才能符合短、实、新和准确性、鲜明性、生动性的要求。只有观点，没有材料，使人理解不深；堆积了一些材料没有鲜明的观点，则使人不了解要学什么、贯彻什么、吸取什么教训。交代问题要清楚，主要是：什么机关、什么时间、什么地点、什么问题、什么情况、什么原因、自己有什么处理意见，对方有什么要求等。

5. 反复检查，认真修改

初稿拟定后，作者一定要反复看几遍，耐心地仔细地逐字逐句检查修改，连每个标点符号也不能马虎。修改可提高文件质量，也为领导人审核签发这份文件打下良好的基础。

三、如何提高公文处理能力水平

为适应公文处理工作不断发展的需要，必须加强学习，努力提高公文处理的能力水平。

1. 提高思想政治素质

要加强对党和国家形势政策的学习，加强对基本理论和法律法规的学习，提高政治敏锐性和鉴别力，在办文工作中认清大局、把握大局、体现大局。

2. 增强责任意识

公文处理工作来不得半点马虎。要守土有责、守土尽责，做到文经我手无差错。

3. 提高业务水平

下苦功夫研读《党政机关公文处理工作条例》，钻研和积累业务知识。加强工作实践的磨炼，不断提高业务水平。

4. 推动工作创新

简单的事情要办好就不简单，也需要方法和技巧。诸如文稿起草、文稿审核、公文管理、档案管理这些工作，外行看来，无非是些不需要技术、不需要脑力的苦力活，其实不然。不断探索办文规律，总结好的经验做法，积极探索改进公文处理工作的方法和措施。

第二章

基本公文格式

第二章

民本主义的政治

第一节 公文版式

版式系指公文的版头形式。版头用套红大字将发文机关名称居中标印于公文首页上端。

国家机关公文的版头一般由发文机关（作者）名称加"文件"二字组成（见例一）。

中国共产党各级领导机关的版头主要有四种形式：

一是由制发机关加"文件"二字组成，此种版式主要用于发布、传达贯彻党的方针、政策和做出重要的工作部署，转发上级机关的文件，批转下属地区或部门的重要报告、请示等（见例二）。

二是由制发机关名称加括弧标注文种组成，如《中国共产党××××委员会（××）》。此种版式主要用于通知重要事项，任免干部，批复下级机关的请示，向上级报告、请示工作等（见例三）。

三是《中共××办公厅（室）文件》《中共××办公厅（室）（××）》。此种版式用于各级党委办公厅（室）根据授权，传达党委的指示要求，答复下级党委的请示，转发上级机关的文件，批转下级机关的报告、请示，发布有关事项，向上级机关报告、请示工作。

四是《中共××部文件》《中共××部（××）》。此种版式用于除办公厅（室）以外的党委各部门发布本部门职权范围内的事项，向上级机关报告、请示工作。

例一

××省××县人民政府文件

×政发〔2018〕8号

关于×××××××的通知

各乡、镇政府、县属各委、办、局:
县政府同意××××××××××××××××××××。

(印章)

二〇一八年三月一日

例二

中共××市委文件

×党发〔2018〕10号

关于×××××××的通知

各区、县、局党委,市委各部、委、办:
市委同意××××××××××××××××××××。

中共××市委员会

二〇一二年一月八日

例三

中共××市委员会（报告）

×党发〔2018〕10号

关于×××××××的报告

省委：

  现将×××××××××××××××××××。

中共××市委

二〇一八年一月八日

  值得注意的是，例三版头后面的括弧内是用来标示公文文种名称的，而不是用以标注部门（如组织部、宣传部、统战部等）名称的。

第二节
公文拟稿的要求

公文拟稿就是指公文文件的起草，这是一项具有很强思想性、政策性的工作。公文的内容要符合国家的法律、法规及其他有关规定，拟稿人应主动查询有关法律法规，查阅过去办理的相关文件，做好衔接。具体来讲，公文的拟稿要注意以下几方面内容：

第一，公文文种的选择要根据发文目的、发文机关的职权和与主送机关的行文关系来确定。

第二，拟写公文时要注意做到实事求是、观点明确、表述准确、结构严谨、条理清楚、字词规范，还要力求篇幅简短等。

第三，明确所拟文稿的指导思想、目的要求、政策界限、缓急程度、密级等，体现领导意图。

第四，对公文拟稿人的法律素质的要求是：公文拟稿人一定要懂得国家的法律、法规，要能运用相关的法律、法规指导自己。

第五，内容必须同党和国家的方针、政策、法律、法令相符合；注意政策的纵向连续性和横向一致性，避免顾此失彼，相互抵触；具体办法、措施要周密可行，切合工作实际。

第六，拟稿要简明扼要，层次清楚，文理通顺，字迹工整。

第七，人名、地名、数字、日期、引文要准确、规范。

第八，公文拟稿用纸纸型一律统一为 A4 纸。

第九，拟制紧急公文，应当体现紧急的原因，并根据实际需要确定紧急程度；要求上级机关批转公文的请示，应代批转公文的上级机关拟写批转文稿。

另外，公文在拟稿时一定要有逻辑性，语法、标点等一定要准确。文稿还要准确顺畅，简明生动，避免出现错误、不全面、冗长、啰唆和呆板的问题，尽量做到思路清晰、文笔流畅、准确地表达概念、判断，这样才能写出符合实际要求、具有针对性的公文，才能有效地推进与指导工作。

第三节
公文印制的要求

公文的拟稿经过有关部门、领导签发后即送交印制部门进行印制，进入印发阶段。拟稿只有通过缮印、校对，才能最终成为正式的文件。缮印与校对工作在文件的处理过程中起着重要作用，是文件处理过程的重要组成部分，关系到文件处理工作的质量与速度，关系到发文的结果与实施效果。

公文的印制工作是非常重要的，具体有如下要求：

第一，公文图文区用字一律从左至右横写、横排。少数民族文字的公文，则按其习惯书写、排印。公文的书写和印刷，必须使用规范的汉字，不能使用异体字、繁体字和未经国家语委公布的简化字。

第二，公文的印制要符合公文格式规范，文件的字数要与用纸的纸幅大小相适应。

第三，公文的标点符号、字体、字号、数字以及计量单位的使用一定要准确、规范。

第四，印制文件时也要认真进行校对，避免出现错误。校对应遵循一人念一稿，一人查印件的原则。如果在校对过程中发现问题，应及时与承办方进行核对，切记不要擅自改动。

第五，公文的字迹要保持清晰、整洁，不能涂抹或损坏。

第六，公文中的数字，除成文日期、部分结构层次序数和词、词组、惯用语、缩略语、具有修辞色彩语句中作为词素的数字必须使用汉字外，应当使用阿拉伯数字。计量单位须使用国家法定计量单位。

第七，发文机关的版头推荐用黑变体字或初号宋体字，联合行文时，推荐使用小初号宋体字；公文大标题使用二号宋体字，小标题使用三号宋体字；密级、紧急程度和各种标记字符或其他重点字使用三号黑体字；发文字号、主送机关、正文、附件、成文时间、附注、抄送机关、印发说明等一般都采用三号或四号仿宋体字。

第八，页码用阿拉伯数字标注，数字两侧各标一条短横线。单面印刷公文，页码位于每页图文区右下端；双面印刷公文，正面为单数，页码位于每页图文区右下角，背面为双数，页码位于左下角；没有图文区的页面不标页码。

第九，公文一律在左侧装订，不要在天头装订，不要压住文字，也不能只订一颗订书钉。

第四节
公文格式

【公文格式】公文格式专指主要（或称法定）文种外形结构的组织与安排，以及公文的书写、字体、用纸的规格和样式等。公文格式是公文具有法定的权威性和组织约束力在形式上的表现，是区别公文与一般文章的重要标志，也是保证公文的质量和提高办文效率的重要手段。

【党政公文格式】党和国家行政机关公文格式的组成要素，《条例》第三章第九条规定，主要包括：份号、密级和保密期限、紧急程度、发文机关标志、发文字号、签发人、标题、主送机关、正文、附件说明、发文机关署名、成文日期、印章、附注、附件、抄送机关、印发机关和印发日期、页码等。

【版头】即公文格式的第一部分，包括"公文份数序号""秘密等级和保密期限""紧急程度""发文机关标识""发文字号""签发人"等内容。

【主体】即公文格式的第二部分，包括"标题""主送机关""正文""附件""成交时间""公文生效标识""附注"等内容。

【版记】即公文格式的第三部分，包括"抄送""印发机关和印发时间"等。版记应置于公文的最后一页，版记的最后一个要素置于公文的最后一行。

【公布性文件格式】法定公文中的公布性文件（诸如公报、公告、通告、公布令等）使用的文件格式与内部运行的公文格式，是有所区别的。它们虽属下行文，但由于行文方式不是在内部运行，而是通过报纸、广播、电视等媒体形式予以公开发布，所以与一般公文格式相比，其主要区别是：一无版头，二无主送，三无发文字号，四无抄送等。也就是说，公布性文件的规格包括：标题、正文、落款、成文日期。

【公文纸型】即公文用纸的幅面尺寸。《条例》规定，公文用纸幅面采用国际标准 A4 型即 297 毫米 ×210 毫米（长 × 宽）。党和国家公文一律采取左侧装订的形式。公告、通告等公布性公文，其用纸幅面尺寸，可根据实际需要确定。

【行款】即书写或排列文字的行列款式，包括字序和行序。如汉字原来直排时，字序由上而下，行序由右而左；现在横排的行款，字序由左而右，行序自上而下。公文正文用 3 号仿宋体字，一般每面排 22 行，每行排 28 个字。

【版面尺寸】即公文页边与版心尺寸。公文的版面尺寸规格为：

公文用纸天头（上白边）为：37 毫米 ±1 毫米；

公文用纸订口（左白边）为：28 毫米 ±1 毫米；

版心尺寸为：156 毫米 ×225 毫米（不含页码）。

【公文中的表格】公文如需附表，对横排 A4 纸型表格，应将页码放在横表的左侧，单页码置于表的左下角，双页码置于表的左上角，单页码表头在订口一边，双页码表头在切口一边。

公文如需附 A3 纸型表格，且当最后一页为 A3 纸型表格时，封三、封四（可放分送，不放页码）应为空白，将 A3 纸型表格贴在封三前，不应贴在文件最后一页（封四）上。

【发文字号】发文字号又称发文号、发文编号。它是公文格式中一个不可缺少的组成部分，即向外发文的登记编号。发文字号的作用主要体现在以下几个方面：

（1）便于文件的发出

通过发文编号，使文件在文书部门挂号登记，文书部门就得履行职责按时将文件组织发出。

（2）便于掌握、统计发文的数量

大单位对外发文较多，一看发文编号就知道整个单位及部门向外发出多少份文件。

（3）便于查询和引用

（4）利于保管的系统性

编制发文字号的原则，《条例》中明确规定："发文字号包括机关代字、年份、序号；联合发文，只标明主办机关的发文字号。"其具体要求是：①发文字号三个构成要素的排列顺序，应先是机关代字，其次是年份（书写时两面加六角括号），最后是发文顺序号。序号不编虚位（即1不编为001，不加"第"字）。②党政机关的发文字号应以分开为宜。③在机关代字中应明确发文的含义，如"中发""中办发""闽党发""晋汾党发"等。④几个单位联合行文时，不应一文多号，而应只标主办机关的发文字号。⑤在同一地区，当有些机关发文字号的机关代字容易造成重复时（如某县的政府、政协、政法委三机关的代字都会编成"×政发"），要力求避免。⑥在机关代字中，要不要注明承办部门的代字，可视具体情况而定，如大单位可以考虑这样做，一般中小单位就不甚必要。

第五节 公文的书面格式

1. 文件头部分

位于公文首页上端,一般约占公文用纸的1/3面积,印有发文机关名称、发文字号、秘密等级、紧急程度、印数编号和上行文签发人等。

2. 正文部分

(1)标题

标题是公文的基本组成部分。一般由行文机关名称、发文事由和文件种类三部分组成。标题中不使用逗号,标题的最后也不加句号,仅在并列的词或词组中间加顿号或书名号。

(2)正文

正文是公文的主体部分,是公文最基本、最重要的内容。正文一般由开头、主体和结语三方面构成,但文种不同,写法各异。

(3)附件

附件是附在公文正件之后的文件,是公文的重要组成部分。如果没有说明,其效用与正件相同。主要作用是:使正件的内容具体化和完善化,为受文者正确理解、办理和贯彻执行提供补充说明的依据材料和参考材料。

（4）公文签发机关

即公文成文机关名称。落款时要写机关全称，不得滥用简称。如"山东省发展和改革委员会"不能写成"山东发展改革委"。几个机关联合发文，主办机关在先，其他机关按公文内容涉及面大小依次排列。

（5）发文日期

即成文的具体年月日。无论哪种书写形式，均要求年月日三者俱全，缺一不可。成文年月日一律用汉字书写，一般不用阿拉伯数字。所落日期，凡一般性公文，以领导签发之日为准；会议通过的文件，以会议通过之日为准；法规性文件以批准日期为准；几个机关联合行文的，以最后一个机关的领导签发之日为准。

（6）印章

公文必须加盖签发机关印章，这是证明公文合法性的凭证。印章要盖在公文末尾发文日期处，以印章的下部边缘骑年压月，上大下小。联合发文的排列顺序应与文件头上的排列顺利一致，可不压年盖月。

（7）附注

公文如要附加说明发至范围、可否登报等，要用圆括号注明，顶格标在发文日期的左下端。

3. 文件尾部分

文件尾部分在公文末页下部，用间隔红线与正文部分加以区别。主要包括抄送机关、印发机关和印刷份数等。

（1）主题词

主题词是公文主题的核心内容，但又不是完全为了表现主题而确立的，可以从全文的整体中筛选、提炼。书写排列一般不用考虑语法结构，不一定表达完整的意思。其位置在文件尾部分横线之上，由左向右排列。词与词之间空一格，不用标点符号。一般由3~5个词或词组构成，准确地反映出全文的内容特征和归属类别。

(2) 抄送机关

抄送机关是送达的平行机关、下属机关。

(3) 印刷份数

用阿拉伯数字标明"共印××份",并用圆括号括上。

第六节
公文的成文日期

　　成文日期是指公文的生效日期，一般就是指公文的签发日期，一般标识在图文右侧空4个字的位置或标注于正文右下方。例如联合行文的成文时间，以最后签发机关领导人的签发时间为准；决议的成文日期，用括号标写在标题下方，有时还要包括会议名；会议讨论通过的公文，应以会议通过的日期为准，并写上会议名称及届次，以圆括号括入，标注于公文标题之下。

第七节
公文的核稿和把关

《条例》第20条规定:"公文文稿签发前,应当由发文机关办公厅(室)进行审核。"公文文稿审核是发文机关审批和印发前,由其办公厅(室)负责开展的把关、修改、校核工作,是公文拟制工作中的一个重要环节。公文的核稿,作为公文制作中的重要环节,要求公文核稿人员以高度负责的态度,对文稿从内容、文种、格式到会签手续等方面严格衡量,逐字逐句审核,严格把关,杜绝不准确、不规范的文件印发。

一、如何对公文进行核稿

1. 基本要求

公文审核的基本要求包括:内容上,观点客观鲜明,材料充分有力;形式上,文种选用正确、格式符合规范;文字上,字词准确精练,语法严谨规范;程序上,严格遵照流程,沟通协调到位。

2. 基本原则

公文文稿审核必须遵循以下基本原则:一是依据原则,审核中提出的意见要有法可依,有据可查,而不是主观随意,凭个人喜好。二是质量原则,审核的目的是确保公文质量,提升公文质量。三是效率原则,审核中要优化流程、加快节奏,保证公文的时效性。审核要兼顾质量和效率,做到二者的平衡。例如,有一个党委办公厅的法规部门在公文核稿中,把一个省直部门报送的已经省政府常务会议审议通过的文件退回部门修改，结果过了一个月才报到省委主要领导同志处，省委主要领导对这份文件的办理时效提出了严肃批评。四是精简原则，既要精简公文制发的数量，又要精简公文的篇幅，实现少发文、发短文。

3. 审核重点

公文核稿的内容主要有以下几点：

（1）是否确需行文

《条例》规定，公文文稿审核重点的第一款是"行文理由是否充分，行文依据是否准确"，这是公文审核的首要任务。一些民间谚语很生动地为我们刻画了官员们的工作现状和政府部门工作的真实场景：公文堆成山，官员们"案牍劳形"；会议瀚如海，官员"游于其中"。文山会海，不仅延误了工作的推进，消磨了官员的时间、斗志和激情，也令文件的起草者、会议的组织者身心疲惫，而且还被当作"形式主义""官僚主义""脱离群众"的典型例证而遭到舆论的诟病。相关部门对于上级布置的任务，不想方设法推动问题解决，在相当程度上认为开完会、发完文后就万事大吉。这在无形中又助长了政府部门的慵政、懒政、怠政现象。所以，在文稿审核中，首先看行文理由，是否需要发文，需要以什么形式发文。这也是从源头上减少发文数量、纠正行文错误的重要环节。

（2）报批程序是否符合规定

（3）是否符合党的理论、路线、方针、政策

党的理论、路线、方针、政策是我们开展各项工作的依据，也是公文制发最重要的政治原则。党的理论、路线、方针、政策，体现在党的中央文件之中，也体现在上级党组织和本级党组织据此制定的重要文件之中。公文审核中，要仔细对比相关规定，确保公文和党的有关文件精神相匹配、相衔接，避免出现与党的理论、路线、方针、政策不一致、补充规定与原有规定相矛盾、不同部门对同一事项相互掣肘抵触等情形。

(4)是否符合国家的法律、法规

这就是所谓的合法性审查,一旦公文违背法律法规和党的路线、方针、政策,就会造成极其严重的社会影响,有可能面临被撤销和追究有关人员责任的后果。在审核中,要特别注意涉及人身自由权、财产权的限制或剥夺的有关条款,通常这都是法律法规规定的范畴,公文在涉及这方面内容时要特别谨慎。

(5)是否完整、准确地体现发文部门的意图,是否同现行有关公文相衔接

有时候负责起草的部门是某个或几个职能部门,其某些观点仅从部门利益、观点、立场出发,不能完整体现发文机关的意图,其提出的措施和要求有可能较为偏颇,要着力避免此种情况,确保公文的内容、形式及语气都与发文机关的意图相符。

(6)涉及有关部门业务的事项是否经过协调并取得一致意见

(7)所提办法和措施是否切实可行

制发机关不能机械地照搬照抄,而是要与本地区本部门的具体实际相结合,确保政策措施和办法切实可行,真正管用,又不会带来其他负面效应。

(8)结论是否正确,行文是否符合逻辑

(9)结构是否合理,语法、语言是否符合公文写作要求

(10)公文的文体是否合适,尤其是行文格式是否符合要求

(11)人名、地名、日期、数字、引文和文字表述、密级、印发传达范围是否准确、恰当

(12)汉字、标点符号、计量单位、序数的用法、公文格式是否符合党和国家的有关规定

二、如何对公文进行把口

"把口"是指对公文文稿进行把关。为什么要对发文文稿进行把口

呢？主要是为了节省领导耗费在审阅和修改公文上的时间，有利于贯彻集中统一的发文原则，保证公文有较高的质量，便于下级办理或执行。"把口"是由办公室主任（或秘书人员）对机关各职能部门拟定的以机关名义外发文件的文稿，从政策、措施、手续及体式、文字提法等方面进行审核。对于不成熟或质量上有问题的文稿，在征得拟稿单位同意或者请示领导以后，可以根据情况采取退、补、改三种方法加以处理。

1. 退

对于不需要发布的或者可以由各业务部门自由发布而不需要用本机关名义发布的文稿，退回拟稿单位进行处理；对于内容不成熟或者文字上需要作大量修改的文稿，或者可以合并发布的文稿，提出问题和处理意见后退回拟稿单位修改。

2. 补

对于不按照公文处理工作的有关规定办理的文稿，退回原拟稿单位予以补正。

3. 改

对于质量上虽然有些问题，但不需要退回拟稿单位修改的，可以根据情况采取以下方式进行修改：

一是内容比较简单，文字修改不大的，可以由秘书工作部门自行修改，也可以请拟稿单位来人修改。

二是急件或特急件，可以请拟稿单位来人共同研究修改。

为了保证公文把口的顺利进行，要求一个单位职能部门拟写的文稿，除指定径直送机关领导同志直接审阅的以外，一般都要归口到办公部门，由办公部门初审认为合格以后再送机关领导同志签发，以确保文稿质量。

第八节
公文的签发、封发和归档

一、公文的签发

公文签发是公文生效的必备条件。《条例》第 22 条规定了公文签发的主体、要素和要求。

1. 公文签发的概念和意义

签发是对文稿的又一次全面核查,是指机关领导对审核的文稿进行最后审定并签署印发,是对公文质量与正式效用的最终确认,更是文件定稿形成的最后环节,也是领导对公文进行严格把关的一项决策性程序。公文签发有三方面重要意义:

公文签发是公文生效的必备条件。《条例》规定:"公文应当经本机关负责人审批签发。"公文如果没有经单位法定签发人签批同意,则不具有效力。公文一经签发,只能在不违背原意的情况下对文字稍作修改,未经签发人同意,不得再进行实质性修改。

公文签发是确保公文质量的一道重要程序。签发意味着签发人在仔细权衡之后,对文稿的最终认可和对相关法律责任的自愿承担。签发人是最后一道关口,在签发前要对文稿进行全面核查,将所有潜在的漏洞和不足进行修补。签发人签字通过,表示公文的质量等方面已得到签发人的认可。

公文签发是明确有关责任的重要手续。公文必定产生某些权利义务关系的改变，单位负责人要对公文的内容和所引发的后果承担责任，不能对职权范围内的应该签发的公文不签发，不该签发的乱签发。

2. 公文签发要注意避免的主要问题

越权签发。按规定应由主要负责人签发，结果分管负责人认为是其分管领域，未经请示和报告便自行将公文签发。这种情况可能导致主要负责人和分管负责人关系的被动，带来不必要的矛盾和误会，而且会造成相关工作的被动。特别是重要公文和上行文更是应由主要负责人签发，否则收文单位会产生疑虑。承办处室要尽力避免这种情况的出现，应该及时提醒分管负责人，建议其按程序报主要负责人签发。

随意签发。有的机关负责人过分相信起草单位和文秘部门，自身不经过认真把关、全面细致审核，随意签发公文，使得最后一道重要关口形同虚设。机关负责人如果思想上不重视签发，没有深刻认识其意义和后果，那么出现事故是迟早的事。

未经文秘部门审核先行签发。一些起草单位为了加快进度和省事，没有按规定程序将文稿报上级单位文秘部门层层把关审核，而是报上级单位主要负责人直接签发，负责人签发后再送文秘部门审核办理，造成公文"倒流"。这时候文秘部门面临两难困境，如果对公文进行修改，则与负责人已签发的意见不符，如果不对公文进行严格把关，则公文可能存在政策等方面的硬伤。有经验的领导会特别注重发挥文秘、法规等专业部门在公文审核中的作用，明确所有公文签发前要经过相关部门的审核，在此之前不轻易发表倾向性意见。文稿送批前，涉及其他部门或地区的问题，应严格执行会签制度。毕竟个人所掌握的知识总是有限的，对有些把不准的地方，及时转为征求相关部门的意见，这样可以避免出现错漏。

要素不全。《条例》规定，签发公文应当签署意见、姓名和完整日期。但实际工作中经常出现只批意见不签名、姓名不写全、未写完整日期等情况，这都会影响公文的效力和有关责任的认定。有的签发人不签署明确具体意见，或是签上"请按有关规定办理"等模棱两可的意见，《条例》明确规定"圈阅或者签名的，视为同意"，从制度上保证谁签发谁负责。

格式不规范。有的签发人位置错误，有的签发意见未写在公文办理单的签发栏；签发人文字难认，龙飞凤舞或过于简化。有的领导同志签字过于潦草，下级单位在收到其批示后无法认清认全。有的笔墨不合要求，没有按要求使用钢笔、毛笔、签字笔和耐久的碳素墨水、墨汁，而是使用不利于归档保存和利用的铅笔、圆珠笔、红墨水、纯蓝墨水等。

二、公文的封发

公文的封发要做到准确、安全，书写信封要清晰、规范。发文主要是向外发出的，需要经过严格的登记才能发出。登记主要是用册簿式，登记的内容主要包括顺序号、发文日期、发文文号、标题、附件、份数、发文对象、签发单位、归卷时间、备注等方面。

文件一经登记，便可以发送于接收单位。封发时，一般要写收文单位的机关或办公室收，因此，在进行装封发送时，一定要写清收文单位的地点、名称，还可以写明"某某亲启"等形式。如果是需要收回的文件，也一定要标明收回日期，以便于按期收回。

切记张冠李戴，把寄给 A 的公文寄给了 B；装袋前翻阅一遍，防止文件印制中出现错误。机关单位、领导人员名单在调整或过渡时期，要注意核准。

三、公文的归档

公文办理完毕后，应当根据《中华人民共和国档案法》和其他有关规定，及时整理（立卷）、归档，个人不得保存应当归档的公文。归档范围内的公文，应当根据其相互联系、特征和保存价值等整理（立卷），要保证归档公文的齐全、完整，能正确反映本机关的主要工作情况，便于保管和查找利用。检查验收时要看归档公文材料有无重复，对内容有重复的合并整理；保管期限是否准确，不同保管期限的是否分开整理。移交工作完成后，公文就正式转化成为档案。

国务院发布的《国家行政机关公文处理办法》第三十八条、第五十二条规定："个人不得保存应当归档的公文""工作人员调离工作岗位时，应当将本人暂存、借用的公文按照有关规定移交、清退"。

因此，无论是来自上级、本级或下级的文件，其所有权属于受文的机关本身，这个机关的工作人员对文件有使用权，但不归属个人。工作使用完毕的文件，要及时归还文秘部门，不得长期滞留不交，更不准想方设法变为己有。

领导干部对外出参加会议或直接与外界商洽工作或下级径直报给自己的文字材料，除极个别的特殊情况外，一般要交公文管理人员进行登记；如确因工作需要放在自己手中保管一段时间的，要办理借用手续，不要私存文件，更不准背着文件管理机构私下建立"小文件柜"。干部调动工作时，要将手中使用的文件全部交给公文管理部门，不得私自带到另一新的单位。

第三章

公文写作解析

第二章

公文書作成

第一节
公文写作的总体要求

公文，古今中外皆有。我国在两汉时期就已发展出诏、策、册、奏、章、表、咨等几十种公文种类。《古文观止》被称为三百年以来中国优秀古代散文的最好选本，自康熙三十四年（1695年）问世以来，风行海内，影响经久不衰。翻开其中的篇目，很多其实就是公文。像李密的《陈情表》，就是写给晋武帝的报告，解释自己为何不应召为官的理由，文章真情流露，语言简洁，委婉畅达，据传晋武帝看了很受感动。骆宾王的《为徐敬业讨武曌檄》，就是骆宾王号召天下人一起勤王讨伐武氏而写的通告，文章写得"声光奕奕，山岳震动"，据传武则天也为之折服，责问宰相为何没有把此等人才选拔出来。诸葛亮的前后《出师表》，是写给后主刘禅上的奏章（请示），表达自己忠于汉室、心怀天下的衷心，提出"近贤臣远小人"等工作建议。苏轼的《刑赏忠厚之至论》，是宋仁宗嘉祐二年（1057年）苏轼参加进士考试的论文，内容形式好比现今公务员考试的申论。美国第16任总统亚伯拉罕·林肯，葛底斯堡演讲是其最著名演讲，也是美国历史上为人引用最多的政治性演说，被称为美国历史上最伟大的演说之一。这是林肯去参加葛底斯堡国家公墓揭幕仪式的一个例行讲话，目的是哀悼葛底斯堡战役中阵亡的将士。整篇演讲不足三百字，用时不足三分钟，但修辞细腻周密，重新定义美国内战不只是为联邦存续而奋斗，更是"为自由之新生",将平等带给全体公民。一气呵成,堪称公文的典范。

一、公文要讲政治

公文必须讲政治。起草公文,必须学习政策、懂得政策、符合政策,与党中央的最新精神保持高度一致。公文涉及权利义务关系的调整,必须严谨、规范和精准,字字句句都要经得起实践和历史的检验。

二、公文要务实

公文以解决问题为最终目标,必须务实。公文写作,要多用数据和实例说话,像鲁迅先生所言的"有真意,去粉饰,少做作,勿卖弄"。公文写作前要深入调查研究,把问题搞清楚,把解决问题的方法找到,然后用简明扼要的语言表达出来。正如毛泽东同志在《反对本本主义》中提到的:"调查就像'十月怀胎',解决问题就像'一朝分娩'。"

三、公文要求新求变

公文写作也要创新,只有追求完美、不断创新,才能止于至善。离开了创新的意识、求变的意识,公文就会沦为官话、套话、空话连篇,就像是开水煮白菜,总感觉缺点味道。公文写作也具有求新求变的基础,因为世界和实践总是在不断变化的。"理论是灰色的,而生活之树长青。""人不可能两次踏进同一条河流。"每一个公文写作者,即使面对同样的公文写作任务,他们的写法也不会是一样的,因为每一个人的思路、知识储备、阅历和解决问题的方法是不一样的。叶圣陶先生说:"生活犹如泉源,文章犹如溪流,泉源丰盈,溪流自然活泼泼地昼夜不息。"

四、公文要占据思想的制高点

一个人没有了思想,就是一堆行尸走肉,无法站立起来。一篇公文失去了思想,就是一堆僵死的文字,无法感染人,鼓动人。公文要注重对事物作透彻分析,透过现象抓住本质。应对问题有独到的见解,把握事物的内在本质联系，准确追踪发展趋势，钻研疑难问题。应注重研判分析，从多方面比较考察，善于抓重点，运用辩证分析法、历史分析法和比较分析法。

第二节
如何使用汉字

公文是传达贯彻党和国家的方针、政策，联系和处理各种公务的工具，具有很强的政策性、权威性和现实的效用性。因此，要求其在用字方面必须做到标准化和规范化。

关于公文的用字问题，国家有关公文法规中都有明确规定。例如《条例》第十一条规定：公文使用的汉字、数字、外文字符、计量单位和标点符号等，按照有关国家标准和规定执行。民族自治地方的公文，可以并用汉字和当地通用的少数民族文字。

应当看到，尽管国家有关公文法规中已有明确规定，但在公文写作实践中，用字的不规范问题仍然不同程度地存在，有的甚至还较严重。特别是在一些基层机关所制发的公文中，问题就更多。这在很大程度上已经影响了公文的质量和效果，给工作带来不应有的麻烦甚至损失。因此，公文用字的规范问题，应当引起我们的高度重视。

那么，公文用字怎样才能做到规范呢？可从如下几个方面着手：

第一，要严格执行党和国家制定并正式颁布的用字法规的规定，不写繁体字、异体字，也不滥造简化字。

首先是不写繁体字。1956年的《汉字简化方案》公布并分批推行后，繁体字的使用范围受到了限制，即凡面向公众的社会用字必须规范化，要使用国家正式公布的简化字,已经被简化了的繁体字,只能用于古籍整理出版、文物古迹、书法艺术等方面。据此,公文用字应以国家正式公布的简化字为准。

其次是不用异体字。废除异体字是国家文字改革的重要内容之一,1955年国家公布的《第一批异体字整理表》,废除了1055个异体字。除翻印古书或用作姓氏以外,一般不能再用。对此,公文写作也需依照执行。然而,在实践中,这些不规范的异体字仍时有所见,应当坚决加以纠正。

最后是不要滥造简化字。公文中使用简化字应以1986年国家公布的《简化字总表》为准。凡是不符合表中规定的简化字,都不合规范,不能使用,更不能滥造。周恩来同志曾指出过:"有些人任意制造简字,除了他自己以外,几乎没有别人认识,这种现象自然不好,应该加以适当的控制。一个人记笔记,或者写私信,他写的是什么样的字,谁也无法管。但是写布告或者通知,是叫大家看的,就应该遵守统一的规范。特别在印刷物和打字的文件上,必须防止滥用简字。"(《当前文字改革的任务》)公文中如果运用不规范的简化字,或者随意滥造简化字,势必严重损害公文的质量和效用。

第二,要注意把握汉字的字形、字音、字义,坚决纠正错别字,也要防止出现漏字或多字。

汉字是形、音、义的高度统一体,我们在书写时必须认真把握它的基本笔画、笔顺规则以及偏旁部首和间架结构,注意分辨多音字、同音字、形近字和多义字,读准字音,认清字形,了解字义,做到正确使用。在公文写作实践中,因字的错用、漏用或多用而影响文意给工作造成损失者不乏其例。某单位发的一份会议通知,将要求有关人员"务必参加"写成"勿必参加",致使会议未能如期进行;还有的将"欢迎领导莅临指导"写成"泣临指导",影响很坏。在公文工作实践中,类似事例很多。出现这些问题的原因,首先是公文撰制者的责任心不强,其次是对汉字的结构规律把握不准,特别是对同音异义字、形近字和多义字,不能正确加以区分。如,灾害事故报道中经常混淆泄露/泄漏。日本大地震引发核泄漏危机,媒体经常将"泄漏"错写成"泄露"。"泄露"的对象一般为机密信息,而"泄漏"则使用较广,凡是液体、气体等的漏出,应当使用"泄漏"。

因此,公文写作人员必须努力加强自身的修养,要以严肃认真、一丝不苟的态度对待公文工作,同时还要努力提高自己的文字水平,力求不出现差误。

第三,要正确使用各种数字。

公文用字包括数字的用法和书写在内。准确、科学地使用各种数字,是公文写作的一项重要内容,它直接关系到公文的质量和办文效率。对此,在公文写作中应当注意。特别是涉及表示事物数量的增减、表示比例关系等的数字时,更要做到准确和规范,不容出现疏误。

然而,从公文写作实践来看,数字使用的不规范是一个比较突出的问题,主要表现为所用数字失实、失准,前后"打架",书写不统一等。这些问题的存在,直接影响了公文的质量和效用,甚至给工作造成了不应有的损失。

使用计量单位时最常见的错误,是错把"摄氏度"分开来说成"摄氏"多少"度"。如"摄氏28度",正确说法应是"28摄氏度"。

第三节
如何正确使用句式

句子是公文中的意义单位,意义明确与否及所能理解的难易程度与句子的繁简成正比。一篇公文正是通过若干个句子、运用一定的句式而集句成文,记载和传递形形色色的公务信息。因此,在写作过程中必须根据各种不同的情况使用恰当的句式,注重变化,使写出来的公文显得富有生气和活力。

公文写作中要正确使用句式,一般应当注意把握如下几点。

1. 要将长句和短句交替运用,使行文铿锵有力

长句是指形体长、词数多、结构比较复杂的句子。短句是指形体短、词数少、结构比较简单的句子。长句和短句,各有各的特点,其中前者表意严密,气势畅达,后者简明活泼,刚劲有力。公文写作中既不能单纯使用长句,也不能一味使用短句,而应将二者有机地结合起来,兼容并取,错落有致,使行文富于变化,从而增强其表达效果。

2. 要将整句和散句结合起来,使行文错落有致

整句是指结构相同或相似、长短一致或接近的句子,散句是指结构灵活、长短不一的句子。与长句和短句一样,整句和散句也各有特点,在公文写作中也要将二者结合起来使用,以便使语言表达波澜起伏,引人入胜。

3. 要注意把握几种常用的特定句式

第一，以"为""为了"作语言标志，以自我说明为特征的目的句式。在公文开篇交代行文目的，是公文的一种普遍而又基本的写法。其突出的特征就是以介词"为"或者"为了"作为语言标志，由发文主体直接阐述行文的目的。具体分为两种情况：一是以"为"或"为了"作起首语，在其后直接写出目的对象和内容；二是以"为"或"为了"作过渡语，在其后用"此""这一问题"等来指代先行语句中通过叙述所提出的公务活动中的问题，以此说明行文的缘由和必要性。

第二，以"……了"为特征的陈述句式。在公文写作中，特别是工作报告、工作总结、通报、简报、调查报告等文种的写作，要大量使用以"了"为特征的陈述句式，其目的在于使语言表达趋于简练明快，给人以一目了然之感。它一般紧随"进行""完成""解决""取得""克服""开展""推动"等动词之后，用以表达事物的已然时态，其后面接宾语，构成一种进行了某项工作、完成了某项任务、解决了某一问题、克服了某一困难、取得了某一成绩的动宾句式。

第三，以"必须""禁止"等强调语为特征的祈使句式。这种句式主要用于下行文之中，其作用在于进一步加强语势，给人一种令行禁止、不容置疑之感。具体分为两种情况：一是带有命令语气以示肯定的句式。例如"必须搞好非典型肺炎的防治工作"，其中的"必须"即是强调性词语，用以表明发文者的观点或态度。二是带有禁止语气以示否定的句式。例如"严禁巧立名目，利用公款铺张浪费""不准以任何方式将公款私存"等，其中的"严禁""不准"等强调性词语具有庄重、严肃的语体色彩。

第四，以"凡……者(的)"为标志的判断句式。"凡……者(的)"是公文中使用频率较高的一种句式，具有表"全称判断"的功用，表明所有这一类型的人或事物全部包括在内，无有例外。同时，它还具有庄严色彩。此外，应当注意，"凡……的"除具有表全称判断作用外，还往往带有贬义。

第五，以"将"字结构组成的宾语提前句式。此种句式主要见之于批转或转发性通知以及以复体行文形式发布的通知、报告等文种的写作，通常用"现将"作为起首语，旨在提起受文对象注意，并使行文语气刚劲有力。需注意的是，"将"字提宾的句式要比诸如"现在发给你们……"之类的正装陈述句具有较强的修辞表达效果。

第六，前虚后实、以虚带实的"重后"句式。例如请示的结尾用语即是如此。这里所说的重后，是指一句话中两种截然不同的含义，一个为虚，一个为实，而且前虚后实，即所谓"重点后置"。"是否可行，请批示""妥否，请批示"等语句中，发文主体所希望批的是"妥"而不是"否"，是"是"而不是"否"，前半句中的"否"只是一种虚意，而后半句才是实意，是行文的目的所在。这种重后句式，既使文字精练，又体现出了行文主体的肯定性要求与对工作的严肃态度。

第七，把几个并列成分联在一起，由句中一个相同意思的成分综合成句的综说句式。它既可以是综说修辞在前，并列成分在后；也可以是并列成分在前，综说修辞在后。其作用主要在于使行文趋于简练，而且富有气势。

第八，以数词缩语为特征的紧缩句式。公文写作讲求言简意赅，精练扼要，这是一条基本原则。为此，往往要对一些内容特定的长句通过附以数词的手法进行高度的浓缩，如把"心中有党、心中有民、心中有责、心中有戒"概括为"四有"，可以看出，以数词或数量词加名词或名词性词组的方式是这种紧缩句式的重要特征。应当注意的是，在公文中运用数词缩语必须做到表意明确清晰，切忌盲目追求紧缩而使句意难懂，令人费解甚至误解。

4. 要注意表意的明确性，不用含混不清似是而非的句子

诸如"麦苗正蜕变出油油的绿意"，其中"蜕变"为何，"油油的绿意"又是一种什么形态，令人难以名状；至于类似"我被青春撞了一下腰""像雾、像雨，又像风"等晕天眩地的句子，更不应出现在公文中。

【范例参考】

为建设一个伟大的社会主义国家而奋斗

——在中华人民共和国第一届全国人民代表大会第一次会议上的开幕词

毛泽东（一九五四年九月十五日）

我们这次会议具有伟大的历史意义。这次会议是标志着我国人民从一九四九年新中国成立以来的新胜利和新发展的里程碑，这次会议所制定的宪法将大大地促进我国的社会主义事业。

我们的总任务是：团结全国人民，争取一切国际朋友的支援，为了建设一个伟大的社会主义国家而奋斗，为了保卫国际和平和发展人类进步事业而奋斗。

我国人民应当努力工作，努力学习苏联和各兄弟国家的先进经验，老老实实，勤勤恳恳，互勉互助，力戒任何的虚夸和骄傲，准备在几个五年计划之内，将我们现在这样一个经济上文化上落后的国家，建设成为一个工业化的具有高度现代文化程度的伟大的国家。

我们的事业是正义的。正义的事业是任何敌人也攻不破的。

领导我们事业的核心力量是中国共产党。

指导我们思想的理论基础是马克思列宁主义。

我们有充分的信心，克服一切艰难困苦，将我国建设成为一个伟大的社会主义共和国。

我们正在前进。

我们正在做我们的前人从来没有做过的极其光荣伟大的事业。

我们的目的一定要达到。

我们的目的一定能够达到。

全中国六万万人团结起来，为我们的共同事业而努力奋斗！

我们的伟大的祖国万岁！

第四节
如何运用模糊语言

公文的语言从总体上讲可分为精确语言和模糊语言两大类。精确是公文的基础和生命，但在某些特定的语言环境或特定的条件下却又必须使用模糊语言。所谓模糊语言即指外延小而内涵大的语言，例如"通过这次政治学习，使全厂大多数职工受到了深刻教育"，其中的"大多数"即为模糊语言，具有不定指性，其表量是模糊的，但表意却是准确的，这是模糊语言的基本特性。如果将其改为"使全厂一千三百二十三人全部受到了深刻教育"，反而不够准确，也难以令人置信。举一例，毛泽东同志1969年3月对《红旗》杂志社社论进行修改时，将"革命在前进，形势是很好的。广大人民群众的积极性是很高的"修改为"革命在前进，形势是好的。广大人民群众的积极性是高的"。毛泽东同志把"很好的""很高的"，改为"好的""高的"，就是对定性类关键语句字词的准确处理，也说明了公文写作中"话不可说得过满"的要领。

模糊语言在公文中的运用，大致有以下几种情况：

1. 表示时间

常用的有"最近""不久前""近年来""过去""现在""将来""一直""曾经""已经"，等等。

2. 表示地点

常用的有"附近""一带""周围""左右",等等。

3. 表示方式、方法

常用的有"严格认真""逐步""多种形式""合理""斟酌""适当",等等。

4. 表示主观评价

即用判断的语言形式,表达一种主观对客观的认识和态度,这种认识往往带有较大的模糊性。例如,"这篇报告的主流是好的,是比较符合要求的",用"好的""比较符合要求的"等模糊语言,对报告进行了恰当的评价。

5. 表示频率

常用的有"反复""多次""往往""再三""三令五申",等等。

6. 表示分寸、程度

常用的有"个别""大部分""基本上""显著""更加""相当""大体""较大""十分",等等。

7. 表示条件

常用的有"对违反……规定者""视情节轻重""经领导批准后""在可能情况下""符合下列条件者""确因工作需要",等等。

需要注意的是,模糊语言不是含糊语言。两者相比,模糊语言具有定向的明确性,委婉、含蓄不是模棱两可,灵活自然不是无拘无束、漫无边际,简明规范不是含混不清,信手拈来。

运用模糊语言应注意以下两点:

第一,要恰当、得体。模糊语言表现力极强,内涵极其丰富,使用时应注意做到恰当得体,该用则用,切忌滥用。否则,将有损于公文的真实性和严肃性。

第二，要注意模糊语言的相对性。在实际写作中，模糊语言往往要与精确语言配合使用，虚实结合，相得益彰。否则，模糊语言充斥全篇，势必一塌糊涂，乱人耳目。

第五节
如何运用模态词语

"模态"系逻辑学术语,它是指事物所具有的规模和状态。在公文写作中,特别是在指令性和法规性公文写作中,为了突出其规范性和约束力,往往需要运用模态词语,如"必须""严禁""应当""不得",等等,构成义务模态判断(或称规范模态判断),用以告知受文对象对公文内容的执行界限和幅度。这些模态词语,多系正反对举,运用于不同的语境之中,分别表示肯定或否定的意义,具有明显的观点或态度倾向。从中,受文对象能够确切了解和把握公文的要求是什么,应当怎样去做,做到什么程度以及不能怎样做等。可以说,要使公文的内容得以正确贯彻落实,决然不能离开这些具有特殊表意功能的模态词语。

需要特别注意的是,公文中的各种模态词语,在表意上具有严格的程度限制。因此,必须精心甄别,确切使用,不可粗疏草率。否则,就会不同程度地妨害公文内容的准确表达,并给执行环节带来麻烦,甚至造成不应有的混乱或损失。

下面试将公文写作实践中常用且最易出现问题的几组模态词语加以列举,并逐一做出辨析。

1. 必须、严禁

这是一组具有正反意义的模态词语。它们均表示很严格,非这样做不可。其中"必须"用于正面,"严禁"用于反面。例如,"搞好党风和廉政建设,必须同经济建设、深化改革结合起来,必须同民主与法制建设结合起来,必须党风、政风、社会风气一起抓,必须充分发动和依靠广大人民群众,动员全党和全社会的力量,实行综合治理。"(《中共中央关于加强党风和廉政建设的意见》)此例中连续四次运用模态词语"必须",构成义务模态判断中的应然判断,使公文内容具有强制性,不容置疑。要求"必须"如何去做,对于受文对象而言,即成为一种行为规范。又如,"严禁将武器、凶器、弹药和易爆、易燃、剧毒、放射性物品及其他危害飞行安全的危险品带上飞机或夹在行李、货物中托运。"(《中华人民共和国公安部通告》)此例中用模态词语"严禁",构成义务模态判断中的禁止判断,表明"严格禁止",其强制性显而易见。实践中,这组模态词语常常对应使用,即在一段文字中,既用"必须"规定正面内容,又用"严禁"规定反面内容,二者互为呼应,相辅相成,使得公文表意十分严密、完整。

2. 应、不应

在严格程度上,此组模态词语较之前组相对弱些,但也不允许稍事忽略。它们都表示严格,在正常情况下均应遵照办理,其中"应"用于正面,"不应"用于反面。前者如2018年中共中央发布的《中国共产党纪律处分条例》第十四条规定:"党的各级代表大会的代表受到留党察看以上(含留党察看)处分的,党组织应当终止其代表资格。"毛泽东在1934年赣南苏区的讲话《关心群众生活,注意工作方法》中说道:"我们应该深刻地注意群众生活的问题,从土地、劳动问题,到柴米油盐问题。妇女群众要学习犁耙,找什么人去教她们呢?小孩子要求读书,小学办起了没有呢?对面的木桥太小会跌倒行人,要不要修理一下呢?许多人生疮害病,想个什么办法呢?一切这些群众生活上的问题,都应该把它提到自己的议事日程上。应该讨论,应该决定,应该实行,应该检查。要使广大群众认识我们是代表他们的利益的,是和他们呼吸相通的。"使用模态词语"应"表示执行的幅度,既表明了发文者的态度倾向,又易于受文单位理解和执行。后者如国家主席习近平2016年1月21日在阿拉伯国家联盟总部演讲时强调:"维护巴勒斯坦人民合法民族权益是国际社会的共同责任。巴勒斯坦问题不应被边缘化,更不应被世界遗忘。"

3. 得、不得

这也是一组具有对立关系的模态词语,其中"得"用于正面,表示可以或能够;"不得"用于反面,表示不可以或不能够。在指示性和法规性公文中,此组模态词语的使用频率很高。前者如"地名一律用全名……仅在两个以上著名城市或著名省份联写在一起使人一看就明白的时候,始得用简称。"(《中共中央关于纠正电报、报告、指示、决定等文字缺点的指示》)此例是对地名表述问题的规定,即一律要写全称,只是在特殊情况下(两个以上著名省市联写使人一看即明),方可使用简称。用模态词语"得"后承"特殊情况",表态明确,既恰切又庄重。后者如《中央政治局关于改进工作作风、密切联系群众的八项规定》第五条规定:"要改进警卫工作,坚持有利于联系群众的原则,减少交通管制,一般情况下不得封路、不清场闭馆。"此条用模态词语"不得"明确中央的观点和态度,既严明坚定,又不显强硬,便于遵照执行。

4. 可以、不许(可)

此组模态词语,在严格程度上较之前面几组又显轻些。其中"可以"用于正面,表示允许有所选择,在一定条件下可如此去做,有一定的灵活性和自由度;"不许(可)"用于反面,其表意与上述"不得"相近。前者如《人民警察使用武器和警械的规定》第二条:"人民警察在执行逮捕、拘留、押解人犯和值勤、巡逻、处理治安案件等公务时,可以根据本规定,使用武器和警械。"此例中运用模态词语"可以"构成义务模态判断中的允许判断,表示出"允许有所选择"的意向,给执行者以机动处置的权利。显然,它与前述"必须""应""得"等模态词语相比,语气较轻,其严格程度亦较舒缓。后者如"凡转发文电,并须将转发文电的上下款及年月日照旧保留,不可省略。"(《中共中央关于纠正电报、报告、指示、决定等文字缺点的指示》)此例中运用模态词语"不可"对转发文电的上下款及年月日的处理方法作出规定，语意明确，分寸适度。

5. 宜、不宜

此组模态词语表示允许稍有选择，在条件许可时首先应当这样去做，其中，"宜"用于正面，"不宜"用于反面。这组模态词语也有一定的灵活性和自由度，但也不能随心所欲。如《国务院关于建立民族乡问题的通知》第二条："建立民族乡，少数民族的人口在全乡总人口中所占的比例，一般以百分之三十左右为宜。"此条是对民族乡中少数民族人口比例的规定。"一般以百分之三十左右为宜"，其中"百分之三十"是基准线，围绕这一比例可以略有浮动。由于使用模态词语"宜"，使得表意十分明确、清晰，便于理解和把握。又如《仓库防火安全管理条例》第三十五条："库房内一般不宜安装电器设备……"此条是对库房内电器设备安装问题的规定。运用模态词语"不宜"，表明并非硬性禁止，而只是在一般情况下的不适宜。语意明晰，措辞适度、得体，其执行的选择度和灵活性显而易见。

在实践中，各组用于正面的模态词语相互之间以及各组用于反面的模态词语相互之间，因其彼此表意的严格程度及其界限通常难以明辨和把握，故极易导致混用或错用，从而影响公文语意的准确表达。因此，必须认真弄清这些相近易混的模态词语，使公文语言表达更趋准确、严密。

第六节
如何运用数字

公文写作中运用数字，能够给人以确定无疑的概念，并能使人增强量的直感，从而加深对事物本质和规律的认识。公文中恰当地运用数字，能够起到文字表达所不能替代的作用，从而极大地增强行文的说服力；反之，如果运用不当，就会严重影响公文的质量和效用，甚至给实际工作造成难以预料的损失。因此，在公文写作中必须重视对各种数字的使用。

公文写作中运用数字应当注意做到以下几点。

1. 要真实

真实是公文中运用数字的生命，它直接关系到一篇公文的质量和效用，也在一定程度上反映出发文机关及公文写作者的工作作风。真实是指写进公文中的数字，必须是从实践中得来，是确确实实存在的，而绝不是凭空杜撰甚至弄虚作假胡乱编造的"水数字"。那种为了显示工作"业绩"抑或掩盖工作失误，欺上瞒下而有意编造数字的做法，必须坚决禁止。据报载，有位秘书人员撰写年终总结，由于未作认真细致的调查研究，没有获取确切可靠的数字，但又"报喜"心切，情急之下即随手将本单位的电话号码写了进去。这样的秘书人员对工作贻害不浅。

2. 要准确

准确是公文中运用数字的关键所在，它与真实相辅相成。具体是指写进公文中的数字，必须与客观实际相符合，要准确地反映事物发展变化的程度，绝不能搞"主观推测"，或者使用"大概""也许""差不多""可能"等模糊度强的词语，有一说一，有二说二，绝不能随意夸大或缩小。而要做到这一点，要求公文写作人员必须深入实际，认真进行调查研究，尽力获取第一手材料。同时，在语言表述上也要力求准确无误，给人以明晰的概念。实践中，有些单位的公文却不是如此。应当明确的是，对于诸如"据不完全统计"之类的表述，因其如实反映出了客观事物的可靠程度，故而也是一种准确，而不应视为含糊不清。此外，公文中涉及的诸如"增加""减少"等词语后面所带"了""到"等表示事物数量增减的词语，表示概数和基数的词语，表示界阈的词语等，要经常使用，也都要准确地加以表述，不能粗疏。

3. 要统一

写进公文中的数字，一定要认真检查，仔细核实，确保前后一致，避免相互"打架"。各个分数之和要与总数相等，统计口径要一致，计量单位的使用也要前后一致，所列举的数字要具有可比性，以确保公文中数字表述的准确性和规范性。重要数据一定要经过认真核对。对已经公开的数据，要查找权威资料，如统计年鉴等；对属于内部掌握的数据，要向相关主管部门核实，确保准确无误。同时，对于数字的书写和使用也要保持统一，要严格按公文法规中的规定执行。对于同样数字，按规定应当使用汉字书写的，就不能随意改换成阿拉伯数码，反之亦然。绝不能此处用汉字，而在彼处又用阿拉伯数字。公文中经常出现"三点意见""主要体现在三个方面""5省区"等表述，这些表述中的数字是使用汉字还是阿拉伯数字，要具体情况具体分析，一般情况下，提倡使用阿拉伯数字，但非公历纪年（如丙寅年十月十五）、概数（如三四个月、几万分之一）、已定型的含汉字数字的词语（如四书五经、四省藏区），要使用汉字。

4. 要规范

数字的书写和使用必须符合公文法规和其他有关规定，不能随意而为。

哪些情况下要用汉字数字，哪些情况下又要用阿拉伯数码，都有特定的范围和要求。

5. 要得当

在公文写作中，运用数字来反映事物的情状或变化，来说明有关问题，固然有其独特的作用，一般的说明性文字不能替代，这是无可置疑的，但是也要适可而止，要把握其运用的"度"，切不可过多过滥，或者流于玩弄数字游戏；或者恣意堆砌，搞数字罗列，犹如流水账一般，给人以枯燥烦冗之感。随意堆砌数字，将所要说明的问题湮没在数字的烟海里，这是十分有害的。本想能够充分说明问题，结果往往适得其反。

【范例参考】

政府工作报告（摘录）

2018年03月06日

…………

五年来，经济实力跃上新台阶。国内生产总值从54万亿元增加到82.7万亿元，年均增长7.1%，占世界经济比重从11.4%提高到15%左右，对世界经济增长贡献率超过30%。财政收入从11.7万亿元增加到17.3万亿元。居民消费价格年均上涨1.9%，保持较低水平。城镇新增就业6600万人以上，13亿多人口的大国实现了比较充分就业。

…………

五年来，人民生活持续改善。脱贫攻坚取得决定性进展，贫困人口减少6800多万，易地扶贫搬迁830万人，贫困发生率由10.2%下降到3.1%。居民收入年均增长7.4%、超过经济增速，形成世界上人口最多的中等收入群体。出境旅游人次由8300万增加到1亿3千多万。社会养老保险覆盖9亿多人，基本医疗保险覆盖13.5亿人，织就了世界上最大的社会保障网。人均预期寿命达到76.7岁。棚户区住房改造2600多万套，农村危房改造1700多万户，上亿人喜迁新居。

五年来，生态环境状况逐步好转。制定实施大气、水、土壤污染防治三个"十条"并取得扎实成效。单位国内生产总值能耗、水耗均下降20%以上，主要污染物排放量持续下降，重点城市重污染天数减少一半，森林面积增加1.63亿亩，沙化土地面积年均缩减近2000平方公里，绿色发展呈现可喜局面。

⋯⋯⋯⋯⋯⋯

第七节
如何正确运用熟语

熟语是现代汉语中一种较为特殊的语言现象。它是人们久经沿用而定型的词组或语句，主要包括成语、惯用语、谚语、格言和歇后语等五种具体表现形态。由于熟语具有丰富的内容和精炼的形式，富有表现力，故在公文写作中被不同程度地加以运用。

1. 成语

成语是一种相沿习用的固定词组，具有表意的整体性和结构的凝固性特点。在公文写作中，成语的使用是常见的、大量的。如能恰当地运用，可使公文语言表达趋于简洁凝练，富有概括力和节律感，从而极大地增强其修辞效果。就总体来看，公文中运用成语具有多种表意功能，诸如：用以表示观点或态度，表示条件，表示列举，表示对比，表示评价，表示解释，表示情状或问题，等等。

公文写作中运用成语，首先要注意弄清其实际意义，不能"望文生义"。特别是有些成语往往是表面意义的比喻或引申，还有的带有较强的感情色彩。如不认真加以区分，就很有可能导致混用或错用，有损行文的表达效果。其次要注意成语本身内在的特点，切忌自编自造，或者随意变换、增减，以确保公文的质量。再次要注意做到恰当、得体，不能只为追求成语表意的简洁凝练而硬凑或堆砌成语，否则就往往会因词害义，事与愿违。

2. 惯用语

它是口语中短小定型的习惯用语，其主要特征是简明生动，通俗有趣。一般由三个音节组成，表达整体意义。但其原有意义已发生转化，而被一种新的意义所代替。在公文写作中，恰当地运用惯用语，可使行文生动活泼，富有文采，从而增强其表达效果。

公文中所运用的惯用语很多，不胜枚举。要注意把握所用惯用语的实际意义，做到恰切、自然，切不可随意乱用，以免适得其反；还要注意它的适用场合。有些公文，诸如法规体公文和命令体公文，因其自身所固有的性质和特点，一般不宜使用惯用语。其他如事务性公文中的简报、调查报告、讲话稿等，对于惯用语的使用颇为多见。

日常生活中，人们习惯把村委会主任误称为村长，相声小品中也常说"别把村长不当干部"。这是语言运用中的滞后现象，在公文语言中不可称呼村长。

3. 谚语

谚语是人民群众口头流传的通俗、简练而又含义深刻的固定语句，包括农业谚语、讽诫谚语和生活知识谚语等。它一般都能揭示客观真理，富于教育意义。由于谚语具有句式匀整、音调和谐、具体通俗、形象生动的特点，故在公文写作中适当地加以运用，能够有效地增强其表达效果。

公文中谚语的适用情形与惯用语大体相同，即它一般多用于事务性公文之中，指令性公文、法规性公文和呈请性公文一般不宜使用。

4. 格言

格言是具有教育意义的警句。一般是出自名人之手，而在群众中广泛流传的语句。它内容精辟，蕴意深刻，能给人以警诫和启示，并能增强行文的说服力。

5. 歇后语

歇后语是由近似谜面、谜底两部分组成的带有隐语性质的口头用语。有些公文，根据其内容表达的需要和特定的语言环境，恰当地运用歇后语，可使行文生动活泼，饶有趣味，并给阅者以深刻印象，收到较好的表达效果。

公文中运用歇后语，要特别注意其适用的场合。在庄重性的公文中，不宜使用歇后语，以免产生副作用和反效果。

【范例参考】
时任中共天津市委书记、市长李瑞环在同天津市优秀环卫职工代表座谈时的讲话

香港报纸说，天津市长出身寒微，从不避讳。这有什么避讳？劳动创造世界，劳动创造人，劳动创造一切，手不动就会僵直，脑不动就会萎缩。看不起劳动人民的人是一种最没知识、最不懂道理的人……我曾经当过木匠，现在阴差阳错地当了市长，我们是完全平等的。我觉得真正使人信得过、靠得住的还是干活的。

看不起劳动人民，这是社会道德上一种值得人们注意和警惕的不好的征兆……我有一个老朋友叫时传祥（北京市掏粪工人，全国著名劳动模范），开追悼会时，八宝山大灵堂里边、外面都站满了人，不下一两千。而有些人自认为了不起，官是不小可并不被人们尊重。不管什么人，不管多清高的人，多以为了不起的人，在化粪池里看，拉的屎是一个德行。有些人就是提起裤子不认账。看不起环卫工人的人是忘了自己也是拉屎的人。本来社会主义国家对这个问题应该是解决得好的。为什么少奇同志接见时传祥？为什么周总理请时传祥去中南海？就说明问题。最近几年来，我看宣传上有毛病。知识分子是国家需要的，尊重他们、表彰他们，给予他们若干的待遇，宣传他们的重要作用和意义都是对的，但不要说别人不重要，你是重要，但是你拉了屎我给你掏了，重要不重要？要不然屎堆在屋里行

吗？外地人都说天津真干净。没有环卫工人能行吗？宝元（即赵宝元）同志原来是公用局的副局长，当时天津没水喝，他跟我一起搞水。后来，我看他这个人正派有本事，调他到环卫局当局长。当时有人开他的玩笑说："闹了半天，你当了个屎头啊！"我说，这个认识不对。一个城市里，环境卫生这块工作搞不好，不行。要让大家的生活都方便有序，干干净净，心情舒畅，没有环卫这支队伍是不可想象的。

第八节
如何正确运用简称

简称又称缩略语，是现代汉语中词组的基本结构形式之一。它是事物的名称或固定词组简化了的称谓。简称不单纯是全称在数量上的减少，而是全称的科学概括和浓缩。使用简称以后，丝毫不影响全称的特定含义。在公文写作中，为使语言表达简洁凝练，富于概括性和表现力，往往要使用简称。特别是那些内容复杂、篇幅较长的公文，诸如会议纪要、工作报告、工作总结、综合性简报等，更是如此。

公文写作中使用的简称，其构成形式主要有以下几种。

1. 标数概括

这种简称具有多种表现形式，其总的特点是由数词加名词或名词化的词、词组这样两部分组成，如"坚持社会主义道路，坚持人民民主专政，坚持党的领导，坚持马列主义、毛泽东思想"简称为"四项基本原则"等；在这一总的特点之下又可将其划分为如下三种类型：一是单重式。这种标数概括简称通常由一个数词加名词或名词化的词、词组构成；二是双重式，即由两个数词加名词或名词化的词、词组构成，如"双增双减""一个中心，两个基本点"；三是多重式，即由三个或三个以上的数词加名词或名词性的词组构成，如"五讲四美三热爱"等。

2. 取前舍后

如"蹲点调查"简称为"蹲点"。

3. 舍前取后

如"中国人民解放军"简称为"解放军"等。

4. 选取全称中有代表性的语素或词

如"中国共产党中央委员会"简称为"中共中央","全国人民代表大会"简称为"全国人大","非典型肺炎"简称"非典"等。

5. 合并相同成分

亦即省略两个词中的一个相同的语素,如"工业、农业"简称"工农业","离休、退休干部"简称为"离退休干部","复员军人、转业军人、退伍军人"简称为"复转退军人";"病害、虫害"简称为"病虫害"等。

6. 标义概括

例如1987年公安部颁发的《公安机关办理刑事案件程序规定》简称为"一百二十条",它没有从表面上将其简称为"规定",而是根据该法规的条款数目(共计120条)而进行归纳,此即所谓"标义概括"。

7. 取全称首尾

亦即将全称的首字和尾字保留,省略其余的内容,如"中华人民共和国"简称"中国"、"扫除文盲"简称"扫盲"、"归国华侨"简称"归侨"、"微型计算机"简称"微机"等。

8. 舍全称首尾

例如"快速记录"简称"速记"、"历史地理"简称"史地"、"人民警察"简称"民警"等。

公文中运用简称,主要应注意以下几个方面问题:

第一,要有可接受性。亦即所使用的简称必须是已经约定俗成或者为公众所认可的,否则不宜使用。

第二,对于新创或较少使用的简称,应力求表意明确、清晰,力避含混隐约，生僻晦涩，令人难解其意。例如"整办"，究竟指"整党办公室"，还是"整顿市容办公室"，令人费解。据报载，"文化大革命"时期，哈尔滨市一机构的门前挂有"三两办"的牌子，"三两办"所指究竟为何，让人莫名其妙。后经询查，方知是"两个阶级、两条道路，两种思想斗争办公室"。这种含混模糊的简称，还是以不用为好。

第三，使用简称，尤其是新创或较少使用的简称，除"知名度"较高者如"一国两制""四项基本原则""一个中心，两个基本点"等外，必须先用全称，并用括号标注说明。

第四，要尽量避免使人产生歧义。例如将"上海市测绘研究所"简称"上测所"，"人造肉加工厂"简称"人肉厂"，应当坚决加以避免。

第九节
如何正确运用实例

在公文写作中，有些文种如情况报告、工作总结、调查报告等，往往与事例有着不解之"缘"。如能正确运用，可使行文的观点或结论更加明确突出，更具说服力和论证性。同时，恰当地运用事例，还可有效地避免抽象、枯燥的弊端，使行文有血有肉，充满生气与活力。因此，要提高公文写作质量，特别是寻求情况报告、工作总结和调查报告等文种的高品位，必须注重对事例的运用。

在进行公文写作时主要应认真把握如下"五性"。

1. 真实性

真实是公文写作运用事例的基础和前提，事例不真实，就会失去其存在的意义和价值，造成不良影响和难以预料的损失。这里，真实包括两层含义：

第一，它必须是现实生活中客观存在的，而不是公文写作人员为着某种目的随意杜撰的。

第二，它必须能够反映客观事物的本质，而不是个别的、偶然的表象。要做到真实，就要求公文写作人员必须深入实际，认真进行调查研究，切实获取和掌握第一手材料，而绝不能凭借传闻或者道听途说进行写作，更不允许随意编造。

2. 准确性

所谓准确，就是要确凿无疑，可靠无误。它与上述"真实"相辅相成，一本所系。它是公文写作运用事例的生命，特别是对于工作报告、工作总结和调查报告这些文种，在汇报工作、反映情况、总结成绩与不足时，更要求事例运用的准确，包括对人物言论的记述，对有关问题或事件发生的时间、地点、过程、起因和结果的叙写，对有关数字、名称等的表达等，均应如此。如是间接材料，必须反复核实，方可运用。要做到准确，首先，要求公文写作人员必须具有较强的语言表达能力，要能够用简明扼要的文字将所获取的事例恰如其分地"描述"出来。写入公文中的事例，必须与客观实际相吻合，不容出现差错。这样，用语要肯定，不宜使用诸如"也许""大概""可能"等模棱两可的词语（工作总结文种尤应禁忌），否则就有失准确；但是对于那些如实说明事物可靠程度的词语如"据不完全统计"等，不在此列。其次，要求写作者必须深入实际，注重调查研究，力争运用第一手材料。对此，上文在阐述事例的真实性要求时已很明确，此不赘言。只有在真实的前提下，才能保证事例的准确性。

3. 典型性

这是公文写作运用事例的关键。事例不典型，就缺乏说服力。所谓典型，究其含义，应是具有某种代表性的，能够集中反映一般事物的本质和规律的东西，它是同类事物的代表。典型既有正面的、先进的，也有反面的、落后的，还有代表事物的发展趋势或方向以及反映事物一般的、平均的发展水平的典型。由于作者在实践中所获取的事例往往不止一个，但又不能将它们都写入公文，在这种情况下，就应采用比较分析的方法，对这些事例进行认真权衡，反复比较，选用最有代表性、最能说明问题的事例即所谓典型事例入文。

4. 针对性

即对事例的运用，必须针对行文的观点或结论来进行，这是公文写作运用事例的目的和宗旨。缺乏针对性，就不足以说明问题。由于公文中的事例是为说明、印证所提出的观点或做出的结论服务的，因此对于事例的选用，必须紧紧围绕观点或结论进行。当然，观点或结论来源于事例，是从大量的事例中提炼升华而来，又反过来统辖事例。没有事例的扶助和烘托，观点或结论只能是空洞抽象的说教，也难以令人接受。但是，如果所运用的事例与观点或结论的结合不够紧密甚至相悖，即缺乏针对性，就会失去其自身应有的效用，有损于通篇公文的质量。

5. 生动性

生动性是公文写作运用事例的基本要求。事例不生动，就没有吸引力和可读性。由于事例是客观存在的事实，而事实本身往往就是五光十色、生动感人的。因此，写作时无须过多地刻意渲染、铺陈和藻饰，只要将事实客观地、准确地描述出来，就会给人以生动之感。但是，常有这样的情况：原本很是生动的事例，由于作者的不适当描绘，却显得干瘪枯燥，笼统空泛，难以引起阅者的兴趣。这样的事例，也就难以产生应有的效用。为此，就要求公文写作人员在具备较高语言表达能力的基础上，深入实际，准确地、具体地了解和把握事情的来龙去脉，对其中的重要细节包括人物的一言一行，都不要轻易放过。

因此，真实性、准确性、典型性、针对性和生动性是公文写作运用事例必须遵循的基本原则。这五"性"之间彼此渗透，互为依存，互相补充，共同构成一个不可分割的整体。忽视其中任何一"性"，所运用的事例就会变得黯淡无光。

【范例参考】

2016年某省高考作文：《尺子》

从100分到98分，挨一顿揍；从55分到61分，得一个吻。这看似荒诞不经的故事，却常常发生在我们身边，许多人看来，前者退步了挨揍是天经地义，后者进步了得吻是理所当然。

我们常说，要一把尺子量到底。在现实生活中，应当说尺子是最公平的，但拿在不同人的手里，去度量不同的人，就会出现不同的结果。我们习惯了妈妈在厨房中的忙碌，一日三餐总是准时吃到可口的饭菜，可当有一天，我们回家面对着干锅冷灶的时候，却首先想到的是无饭可吃，沮丧之余，面露愠色，甚至开口责备，完全忽略了她累了病了，撑不住了，连烧口开水的力气也没有了；而我们的爸爸偶尔下一次厨房，煮一碗面，却能让一家人感到万分知足。惯性，使我们的尺子变得富有弹性，却无法丈量出爱的深远。

每个单位都良莠不齐，有干的有看的，也有捣乱的，总有一些秃子混在和尚之中滥竽充数。奇怪的是干的永远在干，看的一直在看，而干得越多失误也越多，得到的批评也越多，而那些看客，偶尔投机取巧做做样子，就会名利双收。甚至那些捣乱的，变得乖巧一些，就会让领导和一席众人皆大欢喜，心满意足。惰性，使我们的尺子带了偏见，就再也无法凝聚众人的力量。

大家还记得北方小城那位舍粥的大嫂吗？每到冬天她就半夜起来，熬上满满的三锅热粥，免费送给寒风中瑟缩的清洁工、穷苦人和乞丐，数年如一日，不曾间断。而当有一天，一位老汉从中吃出了一粒沙子，顿时将一碗热粥泼在大嫂的身上，而领粥的人，也瞬间划分为两大阵营：有人说老汉不该撒野，也有人指责大嫂不该掺沙子。薄情，让我们的尺子扭曲，冷了多少善良的心。

开县一辆满载了19名乘客的中巴，突遇险情，一头栽进深达五米的水塘。当地村民金有树跳进冰冷刺骨的水中，砸开车窗将19名乘客全部救出，自己却因长时间冷水的浸泡患上肺病，举债治疗数月，告借无门，不得不离开医院，病死家中。19名幸存者无一人去医院探视，更无人为他送行。金有树临死前写下一封信，第一句话就是："我救了19人的命，现在谁来救我的命。"冷漠，让我们的尺子訇然寸断，留下无尽的遗憾。

每个人心里都有一把尺子。我们用它来衡量别人，更要时常度量自己。这个世界，应当有这样一把尺子，于情充满温暖，于理凸显公平，于法彰显正义，时时刻刻闪耀着人性的光辉。只要坚持从我做起，从一点一滴做起，苛责自我，宽厚待人，星星之火，势必燎原，人间终会洒满阳光，洒满爱。

第四章

法定公文起草格式与范例

第一节
决 议

【概念解说】

决议，适用于会议讨论通过的重大决策事项，是指党政领导机关就重大事项，经会议讨论通过其决策，并要求进行贯彻执行的重要指导性公文，也是应用写作重点研究的文体之一。

【起草格式】

（1）标题和成文日期

第一，标题。

决议的标题有三种写法。

第一种是由发文机关、主要内容、文种组成。如《中共四川省委关于认真学习、坚决贯彻〈中共中央关于加强党同人民群众联系的决定〉的决议》。

第二种是由会议名称、主要内容、文种组成。如《中国共产党天津市第十一届委员会第三次全体会议关于贯彻落实习近平新时代中国特色社会主义经济思想推动高质量发展的决议》。

第三种是省略发文机关，由主要内容和文种组成。如《关于确认十一届三中、四中全会增补中央委员的决定的决议》。

第二，成文日期。

决议的成文日期，不像一般公文那样标写在公文正文之后，而是加括号标写于标题之下居中位置。具体写法有两种情况：

如果公文标题中已包括会议名称，括号内只需写明"××××年×月×日通过"即可。

如果公文标题中没有会议名称，括号内要写明"××委员会第×次会议××××年×月×日通过"。

(2) 正文

第一，开头部分。

决议的开头部分写决议的根据，一般要写明会议听取了什么、学习讨论了什么、审议了什么、批准或通过了什么、自何时生效等。如：

中国共产党第十四次全国代表大会通过十三届中央委员会提出的《中国共产党章程》（修正案），决定自通过之日起，经修正后的《中国共产党章程》即行生效。

以上各项要根据会议的内容而定，不必面面俱到。

第二，主体部分。

这部分的内容比较复杂，写法也比较灵活多样。

如果是批准事项或通过文件的决议，相对比较简单，这部分多是强调意义，提出号召和要求。

如果是安排工作的决议，要写明工作的内容、措施、要求。内容复杂时，要明确分出层次并列出各层次的小标题，或者分条撰写。

如果是阐述原则问题的决议，主体部分要有较多的议论，多采用夹叙夹议的写法，把道理说深说透。所谓"夹叙夹议"，就是用概括叙述的方式介绍情况、提供事实，用议论的方式作公正的评价和精辟的论述。

第三，结尾部分。

这部分可有可无。有时主体结束，全文也就自然结束了，不必再专门撰写结尾。有时需要写一个结尾，多以希望、号召收结全文。

【重点说明】

（1）决议的特点

第一，决策性。

决议是针对重大问题和重大事项所作出的决策，一经形成，就会在较大范围内对党内的工作和生活造成重大影响。

第二，权威性。

决议作为党的领导机关用于重要决策事项的公文，是在党的高级领导机构的会议上研究、讨论后形成的，代表着发文机关的意志，一经发布，其下属党组织和党员必须严格遵守，认真落实，不得违背，具有很强的权威性。

第三，严格的程序性。

决议必须经会议讨论，并经表决通过之后才能形成，有严格的程序性。

（2）决议的基本类型

根据决议涉及内容范围的不同，可分为三大类型：

第一，批准某事项或通过某文件的决议。

这类决议涉及的内容比较具体，一般用于批准某项报告或文件。如《中国共产党第十四次全国代表大会关于〈中国共产党章程〉（修正案）的决议》《中国共产党第十四次代表大会关于十三届中央委员会报告的决议》等。

第二，安排某项工作的决议。

对于重要的、长期的工作，可采用决议的形式进行布置安排，如《中共四川省委关于认真学习、坚决贯彻〈中共中央关于加强党同人民群众联系的决定〉的决议》等。

第三，涉及原则问题的决议。

这类决议涉及的内容是原则性的、非事件性的，影响范围更大，影响时间更为久远。如《关于建国以来党的若干历史问题的决议》《中共中央关于加强社会主义精神文明建设若干问题的决议》等。

【范例参考】

范例1：

第十三届全国人民代表大会第一次会议
关于政府工作报告的决议

（2018年3月20日第十三届全国人民代表大会第一次会议通过）

第十三届全国人民代表大会第一次会议听取和审议了国务院总理李克强所做的政府工作报告。会议高度评价过去五年我国经济社会发展取得的历史性成就、发生的历史性变革，充分肯定国务院过去五年的工作，同意报告提出的2018年经济社会发展总体要求、政策取向和对政府工作的建议，决定批准这个报告。

会议号召，全国各族人民更加紧密地团结在以习近平同志为核心的党中央周围，高举中国特色社会主义伟大旗帜，以习近平新时代中国特色社会主义思想为指导，全面贯彻党的十九大和十九届一中、二中、三中全会精神，坚持和加强党的全面领导，坚持稳中求进工作总基调，坚持新发展理念，紧扣我国社会主要矛盾变化，按照高质量发展的要求，统筹推进"五位一体"总体布局和协调推进"四个全面"战略布局，坚持以推进供给侧结构性改革为主线，统筹推进稳增长、促改革、调结构、惠民生、防风险各项工作，大力推进改革开放，创新和完善宏观调控，推动质量变革、效率变革、动力变革，在打好防范化解重大风险、精准脱贫、污染防治三大攻坚战方面取得扎实进展，引导和稳定预期，加强和改善民生，促进经济社会持续健康发展，锐意进取，埋头苦干，为决胜全面建成小康社会、夺取新时代中国特色社会主义伟大胜利，为把我国建设成为富强民主文明和谐美丽的社会主义现代化强国、实现中华民族伟大复兴的中国梦努力奋斗！

范例 2：
第十三届全国人民代表大会第一次会议关于 2017 年国民经济和社会发展计划执行情况与 2018 年国民经济和社会发展计划的决议

（2018 年 3 月 20 日第十三届全国人民代表大会第一次会议通过）

第十三届全国人民代表大会第一次会议审查了国务院提出的《关于 2017 年国民经济和社会发展计划执行情况与 2018 年国民经济和社会发展计划草案的报告》及 2018 年国民经济和社会发展计划草案，同意全国人民代表大会财政经济委员会的审查结果报告。会议决定，批准《关于 2017 年国民经济和社会发展计划执行情况与 2018 年国民经济和社会发展计划草案的报告》，批准 2018 年国民经济和社会发展计划。

第二节
决定

【概念解说】

决定是党政军机关、社会团体、企事业单位对重要事项或重要行政公务作出部署而制定的一种指挥性公文,属于下行文种。上至党和国家的重大决策和战略部署,下至基层单位的奖惩事宜均可使用。决定用于对重要事项做出决策和部署、奖惩有关单位和人员、变更或者撤销下级机关不适当的决定事项。如《中共中央、国务院关于加快水利改革发展的决定》《国务院关于表彰全国公安机关先进模范集体的决定》《中共中央组织部关于追授罗阳同志"全国优秀共产党员"称号的决定》《湖南省人民政府关于废止＜湖南省实施《中华人民共和国车船税暂行条例》办法＞的决定》等。

主要特点。一是发文主体的广泛性。在党和国家机关中有比较广泛的应用。二是行文客体的灵活性。既可以用于解决重大的方针、政策、决策、部署等问题,也可以处理具体的人和事。三是行文效力的约束性。一旦做出决定,有关组织和个人应当遵照执行。

【起草格式】

(1)标题

标题由做出决定的机构＋事由＋文种构成。

（2）正文

包括：

开头，说明做出决定的原因和根据。

事项，写出决定的事项或意见。

结尾，提出要求。

【范例参考】

范例1：

××省第×届人民代表大会第一次会议关于代表联名提名候选人
截止时间的决定

(2018年×月×日××省第×届人民代表大会

第一次会议主席团第二次会议通过）

××省第×届人民代表大会第一次会议选举省第×届人大常委会主任、副主任、秘书长、委员，省长、副省长，省监察委员会主任，省高级人民法院院长，省人民检察院检察长，第×届全国人民代表大会代表，代表联名提名候选人的截止时间为2018年×月×日上午9时。

范例2：

××省第×届人民代表大会第一次会议关于设立省第×届人民代表大会
专门委员会的决定

(2018年×月×日××省第×届人民代表大会

第一次会议第二次全体会议通过）

××省第×届人民代表大会第一次会议根据《中华人民共和国地方各级人民代表大会和地方各级人民政府组织法》第三十条规定，决定省第×届人民代表大会设立法制委员会、内务司法委员会、财政经济委员会、教育科学文化卫生委员会、民族委员会、外事华侨委员会、环境与资源保护委员会、农业与农村委员会。

范例 3：

中共××省委 ××省人民政府关于表彰"优秀企业家"的决定

各市、县党委和人民政府，省委各部委办局，各人民团体，各高等学校：

为鼓励和支持全省企业家主动适应经济发展新常态，坚持新发展理念，推动企业质量变革、效率变革、动力变革，重视资源节约和环境保护，促进生态文明建设，不忘初心，勇于担当，在扎实推进××振兴发展、全面建成小康社会进程中建功立业，省委、省政府决定，授予×××等××名同志"优秀企业家"称号并予以表彰。

希望受到表彰的企业家珍惜荣誉、再接再厉，自觉肩负起新常态下企业家的使命和责任，努力在企业改革发展新的征途上再创新业、再立新功。全省企业家要向受到表彰的企业家学习，树立企业创新新理念、打造企业竞争新优势、培育企业发展新动能，为扎实推进××振兴发展、全面建成小康社会做出新的更大贡献。

中共××省委
××省人民政府
2018 年 × 月 × 日

范例 4：

中共××市财政局局党组关于给予××开除处分的决定

××，女，1985 年 9 月 2 日生，××市财政局干部，因犯×××罪，于 20××年×月×日被××市××人民法院判处拘役四个月，现判决已依法生效。

××身为国家机关工作人员，犯×××罪，其行为已触犯刑法。根据中华人民共和国人力资源和社会保障部、中华人民共和国监察部第 18 号令《事业单位人员处分暂行规定》第二十一条第三款之规定，经研究，决定给予××开除处分。

本决定自发文之日起生效。如对本处分决定不服，可以自收到处分决定书之日起三十日内，向我局申请复核。

中共××市财政局党组

20××年××月××日

第三节
命令(令) 公告

【概念解说】

命令(令)是国家政权中特定机关发布的有强制性、领导性、指挥性的下行公文。主要适用于公布行政法规和规章,宣布施行重大强制性行政措施、批准授予和晋升衔级、嘉奖有关单位和人员。如《国务院、中央军委关于2016年冬季征兵的命令》《江西省人民政府关于2017冬季2018年春季森林防火戒严的命令》《湖南省人民政府关于对省交通运输厅进行嘉奖的命令》。

主要特点。一是发文主体的特定性。发文机关严格限定在依法具有相应职能和权限的行政机关及其法定代表,党的机关不使用命令(令)。二是行文行为的严肃性。"慎乃出令、令出惟行",使用审慎,不轻易发布。三是行文效力的强制性。发布后在使用范围内需遵照执行,"令行禁止"。

【起草格式】

命令的主要种类有:发布令、行政令、嘉奖令、撤销令、惩戒令等。

(1) **发布令**

发布令就是用于发布行政法规和规章的文件,由令文及附件组成,附件即应公布的法规或制度、规章。

第一,标题。发布令的标题有两种:一是由发令机关领导人职务加上文种（令）；二是发令机关加上文种（令）。常见的如《中华人民共和国主席令》《中华人民共和国国务院令》。

第二，发文字号。发布令的发文字号往往采用流水号，即该届政府的主席或总理在任期间所发的命令（令）的顺序号。也有用一般文号的。

第三，正文。发布令的正文一般包括几个内容：一是发布的对象，即发布的是哪一个行政法规或规章；二是发布的依据，即由哪一级组织或哪一次会议在什么时候通过了本法规或规章；三是执行要求，即由什么时候起施行本法规或规章。

（2）行政令

行政令就是用于宣布施行重大强制性行政措施的命令。

第一，标题。行政令的标题由发文机关加上事由（如"关于……"）和文种（命令）组成。

第二，正文行政令的正文一般包括三个部分：

一是发令缘由，即施行重大强制性行政措施的原因、目的或依据；

二是命令事项，即施行的行政措施的具体内容；

三是施行要求。

（3）嘉奖令、授勋令

嘉奖令、授勋令就是用于嘉奖有关人员的命令，一般也称为通令。

嘉奖令、授勋令的写作：标题与行政令相同。正文一般包括三大部分：

一是嘉奖原由，即简介被嘉奖集体或个人的先进模范事迹和分析其性质；

二是嘉奖事项；

三是提出希望。

（4）撤销令

撤销令即用于撤销下级机关不适当的决定的命令。

撤销令的写作：撤销令的标题与行政令相同。撤销令的正文一般包括两个部分：

一是发令的原因,即说明撤销下级机关不适当的决定的依据;

二是发令的事项,即明确指出下级机关有关决定的错误,同时重申必须遵守的有关决定。

(5) 惩戒令

用于惩戒有关人员与撤销下级机关不适当的决定。它的写法与嘉奖令的写法基本相同。正文,也是分三部分:

第一部分,惩戒的缘由、所犯错误的事实及后果;

第二部分,惩戒的方式方法;

第三部分,教训。惩戒令使用很少,一般不轻易使用。

【重点说明】

命令(令)与别的公文相比较,具有以下几个特点:

(1) 内容重要

命令(令)所涉及的事项,有的是发布行政法规和规章,有的是宣布施行重大强制性行政措施,这些都是重要的内容。运用命令来奖惩有关人员,往往也是在全国或某一地区影响较大的。如果是一般性的表彰先进或批评错误,就不用命令而用通报等别的公文文种。

(2) 权威性强

根据《中华人民共和国宪法》的规定,只有中华人民共和国主席、国务院总理、国务院各部部长、各委员会主任以及县以上各级地方人民政府才可以依据法律规定的权限发布命令,其他任何单位和个人均不得发布命令。在实际工作中,各级地方政府都很少使用命令这一文种,国家高级领导机关和主要领导人才较多使用。因此,命令具有很强的权威性,命令一旦发布,别的单位或个人都不得修改或歪曲,如果别的公文内容与命令的有关精神相抵触的,也一律以命令为准。

(3) 强制性大

命令具有明显的强制性,上级机关发布了命令,下级机关不管是否同意,不管有什么困难或问题,都必须坚决地无条件地执行。令出必行,违反命令或抗拒执行命令,就要受到惩罚,在所有国家机关行政公文中,命令是最具有强制性的。

【范例参考】

范例1：

国务院关于授予和晋升×××等5名同志海关关衔的命令
国函〔20××〕××号

海关总署：

根据《中华人民共和国海关关衔条例》的规定，国务院决定：

一、授予以下1名同志一级关务监督官衔：

赵×× 湛江海关关长

二、以下1名同志由二级关务监督关衔晋升为一级关务监督官衔：

马×× 重庆海关关长

三、授予以下1名同志二级关务监督关官衔：

耿×× 贵阳海关副关长

四、以下2名同志由三级关务监督关衔晋升为二级关务监督官衔：

韩× 兰州海关关长

刘× 西宁海关关长

国务院总理 温家宝

二〇××年七月四日

范例2：

关于撤销×市擅自改变上级机关对外商
赠送物品的审批权限规定的令

××市人民政府：

关于外商赠送物品审批权限问题，外贸部贸进管字〔20××〕××号文件规定，外商赠送物品以及××、××接受外商赠送汽车十辆以下，由省人民政府批准，而且省府已发出×府办〔20××〕××号文件明确了接受赠送物品报批手续。查××市政府×府〔20××〕××号文件通知市属单位,从今年六月一日开始,外商赠送物品由市政府批准,下级机关擅自改变上级机关的规定是不对的。为此,现重申:凡接受外商赠送国家限制进口的物品,都应按现行规定报省人民政府审批,违背规定越权审批的一律无效。接受汽车的,将加盖省政府办公厅印章的"接受外商赠送物品报批表"和外商赠送书,到经贸部申领许可证,海关一律凭省政府办公厅办理的批件和经贸部许可证验收。

××省人民政府(印)

××年×月×日

第四节
公报

公报也称新闻公报，是党政机关和人民团体公布重要决定或重大事项的报道性公文，是党和国家经常使用的重要文种。公报是应用写作的重要文体之一。由一国政府编印的专门登载法律、法令、决议、命令、条约、协定或其他官方文件的刊物，有时也称"公报"。公报具有权威性、指导性和新闻性。

公报分类：

（1）会议公报

是用以报道重要会议或会谈的决定和情报的公报。这种公报一般用于党中央召开的会议。

（2）事项公报

党的高级领导机关用以发布重大情况、重要事件的文件。高层行政机关、部门向人民群众公布重大决策、重要事项或重大措施时有时也沿用此类公报。

（3）联合公报

这是一种特殊用途的公报，用以发布国家之间、政党之间、团体之间经过会议达成的某种协议，其中包含有关于这些国家间相互权利和义务的协议，具有条约的性质，如《中俄联合公报》。

公报结构：公报包括首部、正文和尾部三部分。

（1）首部包括标题和成文时间

公报的标题常见的有三种形式。一种是直写文种《新闻公报》；第二种是由会议名称和文种构成；第三种是联合公报，由发表公报的双方或多方国家的简称、事由、文种构成。成文时间用括号在标题之下正中位置注明公报发布的年、月、日期。

（2）正文包括开头、主体两部分

开头即前言部分。事件性公报要求用最鲜明、最精练的语言概述事件的核心内容，即何时、何地、发生了什么重大事件；会议性公报要求概述会议的名称、时间、地点、参加人员等；联合公报要求概述公报的来由，即在何时、何地、谁与谁举行了什么会谈或谁对谁进行了什么性质的访问等。

主体是公报的核心内容，要求把公报的内容完整、系统、有序地表达清楚。常见的有三种写作：一种是分段式，即每段说明一层意思或一项决定；第二种是序号式，多用于内容复杂、问题问绪较多的公报；第三种是条款式，多用于联合公报。

（3）尾部

事件性公报和会议性公报一般没有尾部；联合公报要在正文之后写明双方签署人的身份、姓名、年、月、日期、并写明签署地点。

【范例参考】

中国共产党第十九届中央委员会第三次全体会议公报要点

（2018年2月28日）

全会审议通过了中央政治局在广泛征求党内外意见、反复酝酿协商的基础上提出的拟向十三届全国人大一次会议推荐的国家机构领导人员人选建议名单和拟向全国政协十三届一次会议推荐的全国政协领导人员人选建议名单，决定将这两个建议名单分别向十三届全国人大一次会议主席团和全国政协十三届一次会议主席团推荐。

全会审议通过了《中共中央关于深化党和国家机构改革的决定》和《深化党和国家机构改革方案》，同意把《深化党和国家机构改革方案》的部分内容按照法定程序提交十三届全国人大一次会议审议。

……………

全会强调，深化党和国家机构改革是一个系统工程，各级党委和政府要不折不扣抓好党中央决策部署贯彻落实，依法依规保障改革，增强改革的系统性、整体性、协同性。

全会号召，全党全国各族人民要紧密团结在以习近平同志为核心的党中央周围，统一思想，统一行动，确保完成深化党和国家机构改革的各项任务，不断构建系统完备、科学规范、运行高效的党和国家机构职能体系，为决胜全面建成小康社会、加快推进社会主义现代化、实现中华民族伟大复兴的中国梦而奋斗！

中华人民共和国和多米尼加共和国关于建立外交关系的联合公报

中华人民共和国和多米尼加共和国，根据两国人民的利益和愿望，决定自公报签署之日起相互承认并建立大使级外交关系。

两国政府同意在互相尊重主权和领土完整、互不侵犯、互不干涉内政、平等互利、和平共处的原则基础上发展两国友好关系。

多米尼加共和国政府承认世界上只有一个中国，中华人民共和国政府是代表全中国的唯一合法政府，台湾是中国领土不可分割的一部分。据此，多米尼加共和国政府即日断绝同台湾的"外交关系"。中华人民共和国政府对多米尼加共和国政府的上述立场表示赞赏。

中华人民共和国政府和多米尼加共和国政府商定，将根据1961年《维也纳外交关系公约》规定和国际惯例，尽早互派大使，并在对等基础上在各自首都为对方设立使馆和履行职务提供一切必要的协助。

双方签署代表受各自政府授权，于二〇一八年五月一日在北京签署公报中文、西班牙文文本一式两份，两种文本同等作准。

         中华人民共和国 多米尼加共和国
         代表   代表

第五节 公告

【概念解说】

公告用于向社会各界宣布重要事项或者法定事项。如《广东省公开选拔形成系统局级领导干部工作公告》《公安部关于启用新版港澳居民往来内地通行证的公告》《财政部关于调整海南离岛旅客免税购物政策的公告》《保监会关于调整海南离岛旅客免税购物政策的公告》《商务部关于丙酮反倾销措施即将到期的公告》等。

主要特点。一是发文主体的特定性。限于行政机关以及被授权的部门。二是受文主体的广泛性。面向社会各界公开发布。三是行文客体的权威性。所宣布的都是重要的事项或法定事项，宣布后就要遵照执行。四是行文行为的公开性。主要通过报纸、网络、广播、电视等新闻媒体发布。

公告是上至国家高级权力机关、行政机关向国内外宣布重要事项或法定事项，下至各机关部门、人民团体、企事业单位向有关方面或人民群众宣布重要事项的知照性公文。

【起草格式】

（1）标题

公告标题有三种：一是完全式标题，包括发文机关、事由和文种；二是省去事由，只写发文机关和文种；三是只有文种，如《公告》。标题之下，有时可依公告单独编号。通常是发文机关加上文种名称。有的只写"公告"二字，落款写明发文机关名称，加盖印章。

（2）正文

公告的正文一般由依据、事项和结语组成。

开头要简明扼要地写出公告的依据，有时也可以不写。

告知性公告，事项简单，用篇段合一写出。规定性公告，事项较多，可分条列点写出。

公告的结尾一般用"现予公告""特此公告"作结语，也可以提出要求作结尾。也可不写结语。

（3）落款和日期

公告日期有的注在标题下方，也可注在正文末尾落款处。重要的公告落款处除注明发文机关和日期外，还标明发布地点。

【范例参考】

范例1：

国家税务总局文山壮族苗族自治州税务局公告

根据党的十九届三中全会审议通过的《中共中央关于深化党和国家机构改革的决定》和《深化党和国家机构改革方案》以及十三届全国人大一次会议审议通过的《国务院机构改革方案》，文山壮族苗族自治州国家税务局、文山壮族苗族自治州地方税务局合并为国家税务总局文山壮族苗族自治州税务局，并于2018年7月5日挂牌，现将有关事项公告如下：

一、国家税务总局文山壮族苗族自治州税务局挂牌后启用新的行政、业务印章，以"国家税务总局文山壮族苗族自治州税务局"名称开展工作，原文山壮族苗族自治州国家税务局、文山壮族苗族自治州地方税务局的行政、业务印章停止使用。相关证书、文书、表单等启用新的名称、局轨、字轨和编号。

二、国家税务总局文山壮族苗族自治州税务局挂牌后，原文山壮族苗族自治州国家税务局、文山壮族苗族自治州地方税务局税费征管的职责和工作由继续行使其职权的国家税务总局文山壮族苗族自治州税务局承继，尚未办结的事项由继续行使其职权的国家税务总局文山壮族苗族自治州税务局办理，已做出的行政决定、出具的执法文书、签订的各类协议继续有效。纳税人、扣缴义务人以及其他行政相对人已取得的相关证件、资格、证明效力不变。

……………

特此公告。

国家税务总局文山壮族苗族自治州税务局
2018 年 7 月 5 日

范例 2：

受权公布人民币汇率中间价公告

中国人民银行授权中国外汇交易中心公布，20××年×月×日银行间外汇市场人民币汇率中间价为：1 美元对人民币 6.8362 元，1 欧元对人民币 7.9949 元，100 日元对人民币 6.1042 元，1 港元对人民币 0.87105 元，1 英镑对人民币 8.9666 元，1 澳大利亚元对人民币 4.9165 元，1 新西兰元对人民币 4.4962 元，1 新加坡元对人民币 4.9906 元，1 瑞士法郎对人民币 7.0783 元，1 加拿大元对人民币 5.2593 元。

中国外汇交易中心
20××年×月×日

范例 3：

商务部关于对原产于美国的部分进口商品加征关税的公告

商务部公告 2018 年第 34 号

美国时间 2018 年 4 月 3 日，美国政府依据 301 调查单方认定结果，宣布将对原产于中国的进口商品加征 25% 的关税，涉及约 500 亿美元中国对美出口。美方这一措施明显违反了世界贸易组织相关规则，严重侵犯中方根据世界贸易组织规则享有的合法权益，威胁中方经济利益和安全。

对于美国违反国际义务对中国造成的紧急情况，为捍卫中方自身合法权益，中国政府依据《中华人民共和国对外贸易法》等法律法规和国际法基本原则，将对原产于美国的大豆等农产品、汽车、化工品、飞机等进口商品对等采取加征关税措施，税率为25%，涉及2017年中国自美国进口金额约500亿美元。（详见附件）

最终措施及生效时间将另行公告。

商务部
2018年4月4日

第六节 通告

【概念解说】

通告用于在一定范围内公布应当遵守或者周知的事项，是属于周知性的文种，现实生活中或工作中已经出现或者可能出现某个问题，或者是有什么工作或其他事项需要外界配合，在这种情况下，可以使用通告。

主要特点。一是受文主体的广泛性。直接向社会大众发布。二是行文目的的告知性。用于告知一定管辖范围内的机关、团体、企事业单位、人民群众某些事项。三是行文语言的通俗性。内容应当使用明确、流畅、通俗易懂的语言来表达，以达到遵守和周知的行文目的。四是行文行为的传递公开性。主要采用在特定场合张贴或新闻媒体发布的形式予以公开。

如《关于维护公共场所治安秩序的通告》。它是在一定的范围内，对人民群众、机关团体公布应当遵守和周知的事项的文件。通告与布告、公告都同属于周知性公文，但它们各有其特点。通告所宣告的事项多属于专业性或业务性的，多涉及公安、交通、金融方面，而布告内容广泛得多，涉及面较广；公告为重大事项的发布。通告适用的范围，不仅仅限于上级对下级，不相隶属的单位也可使用，它有具体范围和时限性。通告发布的形式较多，可登报，可广播，可张贴。布告以张贴为主，公告多广播、登报。

【起草格式】

(1) 标题

通告的标题有三种形式：发文机关＋事由＋文种；发文机关＋文种，如《××市电信局通告》；只标明文种名称，落款写明发文机关全称，加盖印章。

(2) 正文

包括开头、中间和结尾三部分。开头说明发布通告的原因、目的。中间写通告的具体事项。通告事项涉及某些要求、措施，内容较多，通常是分条列项予以说明。结尾，写执行要求。

【重点说明】

通告的形式结构与布告大体相同，但是语气比较平缓，有时带有要求协助或办理的恳切语态。

通告从内容上分类，一类为全国范围内的重大法规性通告，如《中华人民共和国公安部通告》；一类为针对某一项工作或专门问题发布的通告。从通告的效用上分，又可分为制约性通告和周知性通告。前者属于在一定范围内，为保证某一项工作的开展与某项活动的进行，而发布的规定性措施。

【范例参考】

范例1：

关于轨道交通路网票制票价的通告

为充分发挥轨道交通在城市公共交通中的骨干作用，鼓励市民优先选择轨道交通出行，进一步缓解城市交通拥堵，提高城市公共服务和管理水平，本着实行公交优先、坚持低票价政策的原则，经市政府批准，北京市轨道交通执行新的票制票价。现将有关事项通告如下：

一、自地铁5号线开通试运营之日起，北京市轨道交通全路网（不含机场轨道交通线）实行单一票制，票价为2元／人次，即乘客乘坐轨道交通一次出行，不论乘坐距离长短和换乘次数多少，使用一卡通卡或现金购票，均为 2 元 / 人次。同时取消地铁专用月票卡。

二、地铁专用月票卡过渡办法

（一）自通告发布之日起，停止地铁专用月票卡 20××年 11 月份的充次；自 20××年 10 月 25 日起停止地铁专用月票卡 20××年 10 月份的充次。

（二）已完成 20××年 10 月份充次的地铁专用月票卡，可使用到 20××年 10 月 31 日，11 月 1 日起地铁专用月票卡月票功能停止使用。

（三）地铁专用月票卡月票功能停止使用后，可作为普通卡继续充值使用，不需退换。

特此通告

北京市发展和改革委员会
北京市交通委员会
北京市财政局
北京市运输管理局
二〇××年九月三十日

范例 2：

××大学 MPA 面试通告

按照我校 20××年 MPA 招生工作总体安排，现将 20××年度我校公共管理硕士(MPA)面试有关事宜通告如下：

（一）面试时间

为严格 MPA 考生录取标准，同时对广大考生负责，避免不必要的面试，我校 MPA 面试将在全国 MPA 联考笔试成绩公布之后进行。根据现在了解的情况，笔试成绩将在 12 月 10 日左右公布，面试时间拟订为 20××年 12 月中下旬。一旦面试时间确定，将立即书面通知参加面试的有关考生，同时可拨打咨询电话（从略）。

（二）面试对象

联考笔试成绩达到国家教育部确定的录取分数线以上一定比例范围内的考生。

（三）面试复习范围

面试将以《20××年全国硕士研究生入学考试政治理论考试大纲》为依据，主要复习范围是：毛泽东思想和邓小平理论。

（四）有关未尽事宜，请与×××大学MPA教务办公室联系（从略）

×××大学研究生招生办公室

×××大学政治学与行政管理系

20××年11月27日

第七节 意见

【概念解说】

"意见"是行政机关使用频率较高的法定公文。

【起草格式】

意见包括三部分：

（1）**提出问题的缘由**

意见中提出的问题，必须是"重要问题"，而不是工作中的一般问题。这是撰写意见的前提和基础。提出缘由包括说明目的，表明依据，肯定成绩，指出问题。

（2）**基本看法**

是指发文机关对意见中提出的某一"重要问题"的基本认识和看法。意见中归纳出来的"处理办法"有无可行性，首先取决于其中的表述见解是否正确。

（3）**处理办法**

在意见的撰写实践中，处理办法包括思想方法、基本原则和具体要求等方面。写作意见时要注意，既要防止只顾眼前不顾长远，也要反对片面强调超前而脱离实际。同时还要讲究可行性，可操作性。

【重点说明】

意见的特点是：

(1) 行文方向的灵活性

行政公文，绝大多数文种具有严格的方向性，是上行的不能用于下行，反之亦然。但意见则既可以用于下行，也可以用于上行。下行的如1989年2月，中共中央就以《关于进一步繁荣文艺的若干意见》一文下达各省、市委。据统计，至1995年年底，以中共中央名义下发的"意见"已有10件。上行的如中共中央组织部就曾以《关于建立民主评议党员制度的意见》一文上报中央。

(2) 工作的实用性

它既可用于行政机关联合行文，又可用于政府机关单独行文。

(3) 参谋、参考性与启发、指导性

上呈的"意见"无论是对重要问题提出见解，还是对处理某事项提出办法、措施，都是以下级机关和参谋人员的身份说话，旨在提供决策参考；下达的"意见"不同于发指示或者作决定，多以协商的态度与缓和语气表述，给下级以启发和指示。

【范例参考】

国务院办公厅关于加强基层应急管理工作的意见

国办发〔20××〕52号各省、自治区、直辖市人民政府，国务院各部委、各直属机构：

加强基层应急管理，深入推进全国应急管理工作，是坚持以人为本、执政为民、全面履行政府职能的重要体现，对于构建社会主义和谐社会、维护社会稳定和人民群众根本利益具有重要意义。为切实加强基层应急管理工作，提高基层预防和应对突发公共事件能力，经国务院同意，现提出如下意见：

一、全面加强基层应急管理工作的目标

加强基层应急管理工作，要以邓小平理论和"三个代表"重要思想为指导，深入贯彻落实科学发展观，以构建社会主义和谐社会为目标，按照党中央、国务院的有关决策部署，依靠群众、立足基层、夯实基础、扎实推进。力争通过两到三年的努力，基本建立起"横向到边、纵向到底"的应急预案体系，建立健全基层应急管理组织体系，初步形成"政府统筹协调、社会广泛参与、防范严密到位、处置快捷高效"的基层应急管理工作机制，相关法规政策进一步健全，基层应急保障能力全面加强，广大群众公共安全意识和自救互救能力普遍提升，基层应对各类突发公共事件的能力显著提高。

二、基层组织和单位应急管理工作的重点任务

（一）做好隐患排查整改。基层组织和单位是隐患排查监控工作的责任主体，要结合实际，对各类危险源、危险区域和因素以及社会矛盾纠纷等进行全面排查。对排查出的隐患，要认真进行整改，并做到边查边改。对短期内可以完成整改的，要立即采取有效措施消除隐患；对情况复杂、短期内难以完成整改的，要制订切实可行的应急预案并限期整改，同时做好监控和应急准备工作；对自身难以完成整改的，应当及时向县级人民政府或有关部门报告。要建立有关隐患排查信息数据库，并根据有关应急预案规定的分级标准，实行分类分级管理和动态监控。

（二）加强信息报告和预警。基层单位是突发公共事件信息报告的责任主体。突发公共事件发生后，基层单位要及时向有关单位和救援机构报告；县级人民政府及其有关部门要按照要求向上级人民政府和主管部门报告，紧急情况可同时越级上报。要畅通信息报送渠道，街道办事处和乡镇人民政府要建立和完善24小时值班制度，居（村）委会及社区物业管理企业要加强值班工作。要建立基层信息报告网络，重点区域、行业、部位及群体要设立安全员，并明确其信息报告任务，同时鼓励群众及时报告相关信息。要建立完善预警信息通报与发布制度，充分利用广播、电视、手

机短信息、电话、宣传车等各种媒体和手段，及时发布预警信息；各地区应急平台中的预警功能，要通过公用通信网络向街道和社区等基层组织延伸；要着力解决边远山区预警信息发布问题，努力构建覆盖全面的预警信息网络。

（三）加强先期处置和协助处置。突发公共事件发生后，基层组织和单位要立即组织应急队伍，以营救遇险人员为重点，开展先期处置工作；要采取必要措施，防止发生次生、衍生事故，避免造成更大的人员伤亡、财产损失和环境污染；要及时组织受威胁群众疏散、转移，做好安置工作。基层群众要积极自救、互救，服从统一指挥。当上级政府、部门和单位负责现场指挥救援工作时，基层组织和单位要积极配合，做好现场取证、道路引领、后勤保障、秩序维护等协助处置工作。

（四）协助做好恢复重建。基层组织和单位要在当地政府的统一领导下，协助有关方面做好善后处置、物资发放、抚恤补偿、医疗康复、心理引导、环境整治、保险理赔、事件调查评估和制订实施重建规划等各项工作。同时要加强政治思想工作，组织群众自力更生、重建家园。要特别注意帮助解决五保户、特困户和城市低保对象等群众的困难，确保灾后生产生活秩序尽快恢复正常。

（五）加强宣传教育和培训。社区和乡村要充分利用活动室、文化站、文化广场以及宣传栏等场所，通过多种形式广泛开展应急知识普及教育，提高群众公共安全意识和自救互救能力。生产经营企业要依法开展员工应急培训，使生产岗位上的员工能够严格执行安全生产规章制度和安全操作规程，熟练掌握有关防范和应对措施；高危行业企业要重点加强对外来务工人员的安全宣传和培训。有关部门要进一步采取有效措施，认真贯彻落实《中小学公共安全教育指导纲要》，推进应急知识进学校、进教材、进课堂，把公共安全教育贯穿于学校教育的各个环节。

三、全面推进基层应急管理工作的主要措施

（一）建立健全基层应急管理组织体系。县级人民政府按照属地管理原则，全面负责本行政区域内各类突发公共事件的预防和应对工作；要明确领导机构，确定人员开展应急管理工作。街道办事处、乡级人民政府负责本行政区域内各类突发公共事件的预防和应对工作，可根据实际情况，明确领导机构，确定相关责任人员。居委会、村委会等基层群众自治组织，要将应急管理作为自治管理的重要内容，落实应急管理工作责任人，做好群众的组织、动员工作。基层机关、社会团体和企事业单位是本单位应急管理工作的责任主体，要根据实际情况建立健全应急管理组织体系，在属地政府的领导下开展应急管理工作。积极探索跨行政区域的单元化应急管理模式，完善相应的组织体系，明确相关责任。

（二）完善基层应急预案体系。要进一步扩大应急预案覆盖面，力争到 2008 年年底，所有街道、乡镇、社区、村庄和各类企事业单位完成应急预案编制工作。基层应急预案要符合实际，职责清晰，简明扼要，可操作性强，并根据需要不断修订完善。地方各级人民政府、各有关部门要加强对基层应急预案编制工作的指导，制订编制指南，明确预案编制的组织要求、内容要求和审批程序；县级人民政府及其有关部门要加强基层应急预案编制、衔接、备案、修订等管理工作。街道办事处、乡镇人民政府、基层组织和单位要针对本区域、本单位常发突发公共事件，组织开展群众参与度高、应急联动性强、形式多样、节约高效的应急预案演练。

（三）加强基层综合应急队伍建设。街道办事处、乡镇人民政府要组织基层警务人员、医务人员、民兵、预备役人员、物业保安、企事业单位应急队伍和志愿者等，建立基层应急队伍；居（村）委会和各类企事业单位可根据有关要求和实际情况，做好应急队伍组建工作。要充分发挥卫生、城建、国土、农业、林业、海事、渔业等基层管理工作人员，以及有相关救援经验人员的作用。基层应急队伍平时加强防范，险时要立即集结到位，开展先期处置。要加强应急队伍的建设和管理，配备必要装备，开展教育培训工作，严明组织纪律，强化协调联动，提高综合应对和自我保护能力。

（四）加快基层应急保障能力建设。各地区、各有关部门要根据

《"十一五"期间国家突发公共事件应急体系建设规划》（国办发〔2006〕106号）有关要求，加强基层安全基础设施建设。乡镇要结合社会主义新农村建设，搞好村镇规划，合理避让隐患区域；加强抗御本地区常发突发公共事件的基础设备、设施及避难场所建设，提高乡村自身防灾抗灾能力；加强公用卫生设备设施建设，防止农村疫病的发生和传播。城市社区要严格功能分区，特别是城中村、人口密集场所和工业区等高风险地区，要加强消防、避难场所、医疗卫生等公共安全基础设施建设，按要求配备应急器材；电信、天然气、自来水、电力、市政等主管部门或单位要加强公共设施抗灾和快速恢复能力建设，做好日常管理和巡查；推进社区服务信息平台建设，利用现有的计算机终端与区县的应急指挥平台联网，有条件的社区，可布局一批电子监控设备，随时掌控辖区的安全状况，实现信息、图像的快速采集和处理。学校要结合隐患排查整改，重点做好教室、宿舍、集体活动场所等建筑、设施的安全加固工作，有针对性地储备应急物资装备；按照有关卫生标准要求，加强学生食堂、宿舍、厕所等卫生设备设施建设；加强校内交通安全标志和设施建设，不断完善校园安全监控系统。各类生产经营企业要加强安全生产装备及设施建设，有关单位应当定期检测、维护其报警设备和应急救援设备、设施。

（五）尽快制定和完善相关法规政策。各地区、各有关部门要认真做好突发公共事件应对法出台后的贯彻落实工作，研究制定配套办法，并加强对基层组织和单位的宣传培训工作，逐步将应急管理工作纳入法制化轨道。有关部门要尽快完善应急管理财政扶持政策；建立完善应急资源征收、征用补偿制度，研究制定保险、抚恤等政策措施，解决基层群众和综合应急队伍的实际困难和后顾之忧；不断探索利用保险等各种市场手段防范、控制和分散风险；研究制定促进应急产业发展的扶持政策，鼓励研发适合基层、家庭使用的应急产品，提高应急产品科技含量；研究制定推进志愿者参与应急管理工作的指导意见，鼓励和规范社会各界从事应急志愿服务；研究建立应急管理公益性基金，鼓励自然人、法人和其他组织开展捐赠，形成团结互助、和衷共济的社会风尚。

四、加强领导，保障基层应急管理工作顺利推进

（一）**加强组织领导。** 地方各级人民政府特别是县、乡级人民政府及其有关部门要将加强基层应急管理工作作为全面履行政府职能的一项重要任务，把应急管理融入到防灾减灾、安全保卫、卫生防疫、医疗救援、宣传教育、群众思想工作以及日常生产、生活等各项管理工作中，并将有关费用纳入公共财政预算支出范围；平时组织开展预防工作，发生突发公共事件时要及时启动应急响应机制，主要领导负责应急救援指挥工作。要不断总结典型经验，创新工作思路，积极探索有利于推动基层应急管理工作的有效途径。基层组织和单位的负责人要加强对本单位应急管理工作的领导，充分发挥基层党组织的战斗堡垒作用，明确职责分工，加强制度建设，积极创造条件，提供必要的人力、物力和财力，确保应急管理工作顺利开展。

（二）**建立健全应急联动机制。** 县、乡级人民政府要充分整合本行政区域内的各种应急资源，组织建立政府及其有关部门、基层组织、基层企事业单位以及上级救援机构之间的应急联动机制，明确应急管理各环节主管部门、协作部门、参与单位及其职责，实现预案联动、信息联动、队伍联动、物资联动。同时，要充分发挥工会、共青团、妇联、红十字会、社区业主委员会等组织及志愿者在基层应急管理中的重要作用，形成基层应急管理的合力。

（三）**建立严格的责任制度。** 地方各级人民政府要切实抓好应急管理行政领导责任制的落实工作；各基层组织和单位要建立主要领导全面负责的应急管理责任制，并逐级落实责任。要制定客观、科学的评价指标和评估体系，将基层应急管理工作开展情况作为县、乡级人民政府和基层单位领导班子综合考核评价的内容。建立完善突发公共事件预防和处置奖惩制度，对不履行职责引起事态扩大、造成严重后果的责任人依法追究责任，对预防和处置工作开展好的单位和个人予以奖励。

（四）**发挥新闻舆论的作用。** 县、乡级人民政府及其有关部门、单位要提高正确引导舆论的工作水平。突发公共事件发生后,应急处置指挥机构要尽快安排有关部门在第一时间发布准确、权威信息,正确引导新闻舆论,稳定公众情绪,防止歪曲事实、恶意炒作,克服或及时消除可能引发的不良影响。应急救援工作结束后,要认真总结经验教训,对舆论反映的客观问题要深查原因,切实整改。要组织新闻媒体积极宣传报道典型人物和先进事迹,形成全社会关心、理解、支持、参与应急管理工作的良好舆论氛围。

国务院办公厅

二〇××年七月三十一日

第八节 通知

【概念解说】

通知适用于发布、传达要求下级机关执行和有关单位周知或者执行的事项，印发、批转、转发公文。通知是运用最为广泛的下行文，行政公文把它列为主要文种。

主要特点。一是行文客体的广泛性。此文种适用性强，形式灵活，在公务活动中广泛运用，使用频率高，是所有文种中最常用的一种。二是行文行为的专项性。通知的起草、签发、制发要遵循一事一通知原则，表述必须具体明确、简练准确。

《国家行政机关公文处理办法》对通知所下的定义为：

适用于批转下级机关的公文，转发上级机关和不相隶属机关的公文，传达要求下级机关办理和需要有关单位周知或者执行的事项，任免人员。

《党政机关公文处理工作条例》给通知的定义是：

适用于发布、传达要求下级机关执行和有关单位周知或者执行的事项，批转、转发公文。

【起草格式】

由于通知的功能多，种类多，写法彼此有较大的区别，我们在分类时已经有意识地对各种不同通知的写法作了一些介绍，这里只概括介绍一些通知写作的基本方法。

(1) 通知标题和主送机关

第一,通知的标题。

通知的标题一般采用公文标题的常规写法,由发文机关+主要内容+文种组成。如《中共中央办公厅、国务院办公厅关于严禁用公费变相出国(境)旅游的通知》。

也可以省略发文机关,由主要内容+文种组成标题。如《关于印发〈规范国有土地租赁若干意见〉的通知》(国土资发〔××××〕222号)。

发布规章的通知,所发布的规章名称要出现在标题的主要内容部分,并使用书名号。

批转和转发文件的公文,所转发的文件内容要出现在标题中,但不一定使用书名号。如《国务院办公厅转发教育部等部门关于进一步加快高等学校后勤社会化改革意见的通知》。

第二,通知的主送机关。

通知的发文对象比较广泛,因此,主送机关较多,要注意主送机关排列的规范性。如人事部《关于解除国家公务员行政处分有关问题的通知》的主送机关:

各省、自治区、直辖市人事(人事劳动)厅(局)、监察厅(局);

国务院各部委、各直属机构人事(干部)部门、监察局(室):

由于级别、名称不同,主送机关的称法和排列非常复杂,这个序列显然是经过深思熟虑后确定下来的。

(2) 通知的正文

第一,通知缘由。

发布指示、安排工作的通知,这部分的写法跟决定很接近,主要用来表述有关背景、根据、目的、意义等。

晓谕性的通知,也可参照上述写法。如《国务院关于开展2018年国务院大督查的通知》,采用了根据与目的相结合的开头方式;《中共中央、国务院关于开展扫黑除恶专项斗争的通知》,采用的是以"为了"领起的

"目的式"开头方式。

批转、转发文件的通知,根据情况,可以在开头表述通知缘由,但多数以直接表达转发对象和转发决定为开头,无须说明缘由。

发布规章的通知,多数情况下篇段合一,无明显的开头部分,一般也不交代缘由。

第二,通知事项。

这是通知的主体部分,所发布的指示、安排的工作、提出的方法、措施和步骤等,都在这一部分中有条理地组织表达。内容复杂的需要分条列款。

晓谕性通知,有时需要列出新成立的组织的成员名单以及改变名称或隶属关系之后职权的变动等。

第三,执行要求。

发布指示、安排工作的通知,可以在结尾处提出贯彻执行的有关要求。如无必要,可以没有这一部分。

其他篇幅短小的通知,一般不需有专门的结尾部分。

【重点说明】

通知的特点:

(1) 功能的多样性

在下行文中,通知的功能是最为丰富的。它可以用来布置工作、传达指示、晓谕事项、发布规章、批转和转发文件、任免干部等。总之,下行文的主要功能,它几乎都具备。

但通知在下行文中的规格,要低于命令、决议、决定等文体。用它发布的规章,多是基层的,或是局部性的、非要害性的;用它布置工作、传达指示的时候,文种的级别和行文的郑重程度,明显不如决定。

(2) 运用的广泛性

通知的发文机关,几乎不受级别的限制。大到国家级的行政机关,小到基层的企事业单位,都可以发布通知。

通知的受文对象也比较广泛。在基层工作岗位上的干部和职工,接触最多的上级公文就是通知。而且通知虽然从整体上看是下行文，但部分通知（如晓谕事项的通知）也可以发往不相隶属机关。

（3）一定的指导性

通知这一文体名称，从字面上看不显示指导的姿态，但事实上，多数通知都具有一定程度的指导性。用通知来发布规章、布置工作、传达指示、转发文件，都在实现着通知的指导功能，受文单位对通知的内容要认真学习，并在规定时间内完成通知布置的任务。

个别晓谕性的通知，特别是通知作为平行文发布的时候，可以没有指导性或只有微弱的指导性。

（4）较强的时效性

通知是一种制发比较快捷、运用比较灵便的公文文种，它所通知的事项，都有比较明确的时间限制，受文机关要在规定的时间内办理完成，不得拖延。

通知的分类：

（1）发布指示的通知

这类通知用来发布指示、布置工作。凡是需对某一事项进行处理、对某个问题作出指示，又不适合用命令、决定的形式行文的时候，均可用通知的形式进行办理。这类通知跟意见的写法比较接近。

（2）颁发规章的通知

除重要的法律性文件用命令颁布之外，多数法规和规章性文件，如条例、规定、办法、细则、实施方案等，都适合用通知颁发。这类通知的正文通常十分简短。全文由目的、根据、发布对象、发布决定组成。有时还可以更简短，如《国务院中央军委关于印发〈中国人民解放军士官退出现役安置暂行办法〉的通知》的正文：

现将《中国人民解放军士官退出现役安置暂行办法》印发给你们，请遵照执行。

全文由发布对象、发布决定、执行要求组成。

这类通知是复合体公文，被发布的规章全文附在通知之后，但不作为附件处理，而是正件的组成部分。

（3）批转、转发文件的通知

将某一下级机关报来的文件（主要是建议性报告或工作报告）转发给有关下级机关，叫作"批转"。将上级机关发下来的文件，或不相隶属机关发来的文件（主要是意见、通知等）转发给下级机关，叫作"转发"。批转、转发文件的通知的正文有时十分简短。全文主要由转发对象、转发决定、执行要求组成。

（4）晓谕性通知

这类通知一般只有告知性，没有指导性。其用途较广泛，机构、人事调整，启用、作废公章，机构名称变更，机关隶属关系变更，迁移办公地址，安排假期等，都可使用这种通知。

（5）任免通知

任免领导干部的职务，根据职务的重要程度的不同，可分别采用不同的文种，最高可用任免令，其次可以用决定，再次用通知，最低用公布任免名单的方式。由此可见，任免基层干部时通常用通知。

任免通知，只需写明什么会议决定，任命什么人担任什么职务，免去什么人的什么职务即可，不必说明原因。

（6）会议通知

这是一种常见的通知，既可用于下行文，也可用于平行文。一般包括如下内容：

召开会议的时间、地点以及会议的名称；

会议的中心议题和主要程序；

对与会人员身份的要求；

对与会人员会前准备工作的要求；

报到时间、地点及联络人；

其他需要事先说明的事项。

【范例参考】

范例1：

中共自然资源部党组关于认真学习宣传贯彻新修订的
《中国共产党纪律处分条例》的通知

国家林业和草原局，中国地质调查局，各司局，各单位：

2018年8月18日，中共中央印发了新修订的《中国共产党纪律处分条例》（以下简称《条例》），这是党的十八大以来党中央对《条例》的第二次修订，进一步表明了用铁的纪律管全党治全党的坚定信心和决心，为推动全面从严治党向纵深发展提供了坚强纪律保证。为认真学习宣传贯彻《条例》，现就有关事项通知如下：

一、充分认识《条例》修订的重大意义

中国特色社会主义进入新时代，我们党要有新气象新作为，必须靠严明的纪律作保证。此次修订的《条例》，全面贯彻习近平新时代中国特色社会主义思想和党的十九大精神，以党章为根本遵循，落实新时代党的建设总要求和全面从严治党战略部署，深入总结监督执纪中的新经验新做法，将党的纪律建设的理论、实践和制度创新成果以党规党纪形式固定下来，将党章和《关于新形势下党内政治生活的若干准则》等党内法规的要求细化具体化，实现制度的与时俱进，是党中央站在新的历史起点上对全面从严治党、加强党的纪律建设的再部署、再动员，对于深入推进党风廉政建设和反腐败斗争，永葆党的先进性和纯洁性，具有十分重大而深远的意义。各级党组织和广大党员干部要切实把认识统一到中央精神上来，坚决带头做到"两个维护"，切实增强"四个意识"，坚定"四个自信"，从全面从严治党永远在路上的高度，增强学习宣传贯彻《条例》的思想自觉和行动自觉。

二、深刻领会《条例》修订的主要特点

此次修订的《条例》，进一步突出党的纪律建设的政治性、时代性、针对性，使全面从严治党的思路举措更加科学、更加严密、更加有效。一是政治性。《条例》把政治建设摆在首位，紧紧抓住政治纪律和政治规矩这个纲，增写了以习近平新时代中国特色社会主义思想为指导、"两个坚决维护"、牢固树立"四个意识"等内容，对"七个有之"问题做出更有针对性的规定，有利于推动各级党组织和党员干部始终自觉地在政治立场、政治方向、政治原则、政治道路上同党中央保持高度一致。二是时代性。《条例》紧密结合新时代新使命新要求，贯彻以人民为中心的发展思想和价值取向，对侵害人民群众利益的问题，增加了对污染防治、脱贫攻坚、扫黑除恶等领域典型违纪行为的处分规定，体现了用纪律保障党的宗旨的鲜明导向，彰显了对破坏党同人民群众血肉联系行为的零容忍态度。三是针对性。《条例》坚持问题导向，针对管党治党中的突出问题和新型违纪行为做出纪律处分规定，着力强化对关键领域、薄弱环节的纪律约束，进一步扎紧制度篱笆，促使党员干部懂法纪、明规矩、知敬畏、存戒惧，筑牢不可触碰的底线。

三、切实抓好《条例》的学习宣传贯彻

部党组近期将围绕《条例》举办专题辅导，开展党组理论学习中心组专题学习，充分发挥以身作则、率先垂范作用。各级党组织要把学习宣传贯彻《条例》作为一项重要政治任务，研究细化举措，精心组织实施，确保取得实效。一要深入开展学习。要把学习《条例》纳入党委（党组）理论学习中心组和基层党组织的学习内容，纳入党员、干部的教育培训课程，纳入经常性纪律教育计划。要把《条例》作为全体党员干部应知应晓、必学必会的内容，通过专家辅导、领导干部讲党课、支部集中学习、个人自学等多种形式抓好学习。广大党员干部特别是领导干部要把自己摆进去，原原本本学，联系实际学，对照近期通报的部直属机关违纪违法典型案例开展警示教育，举一反三，汲取教训，使党的纪律真正转化为自身的日常习惯和自觉遵循。二要广泛进行宣传。要利用部属报刊、网络等各种媒体，利用单位内部刊物、办公平台、宣传展板等多种媒介，形式多样、生动活泼地做好《条例》的宣传报道和解读等工作，为推动《条例》的贯彻落实营造浓厚氛围。三要严格贯彻执行。各级党组织和纪检机构要切实担负起全面从严治党政治责任，推动《条例》各项规定落到实处。要以党的政治建设为统领，全面推进党的各项建设，在"两个坚决维护"、落实机构改革任务、推动党中央重大决策部署落地生根上作表率。要聚焦土地和矿业权审批、国土空间规划、测绘资质、海域使用等自然资源管理领域的关键权力，强化制约监督。要紧盯脱贫攻坚和不动产登记等群众身边的不正之风和腐败问题，深入开展专项整治。要深入贯彻中央八项规定精神，坚决反对和纠正"四风"。要强化日常教育管理监督，运用监督执纪"四种形态"，抓早抓小、防微杜渐，巩固发展执纪必严、违纪必究常态化效果。要下大气力建制度、立规矩、抓落实、重执行，以严明的纪律推动全面从严治党，让制度"长牙"、纪律"带电"，努力营造自然资源系统风清气正的政治生态，展现新时代自然资源干部职工的新风貌、新作为。

各司局、各单位学习宣传贯彻《条例》的情况，要及时报部直属机关党委。部党组将把学习宣传贯彻《条例》的情况作为巡视监督的重要内容，并适时组织开展监督检查，对贯彻执行不力的进行批评教育、督促整改。

中共自然资源部党组
2018 年 8 月 31 日

范例 2：

关于组织参加全省营商环境发展大会的通知

各机关各处室：

省委省政府定于×月×日上午 9：00 召开全省营商环境发展大会。会议地址：省人民大会堂。请厅机关各处室副处级以上领导干部参会。请参会人员×月×日上午 8:15 在厅大院集中，统一乘车前往会场。会议结束后原车返回。未尽事宜请与×××同志联系。

××厅办公室
20××年×月×日

第九节 通报

【概念解说】

通报是一种适用于表彰先进，批评错误，传达重要精神或告知重要情况的公文。表彰性通报，主要用于表扬先进集体和个人，表彰先进事迹，评价典型经验，宣传先进思想，树立学习榜样。批评性通报，主要用于批评违规违纪事件，揭露坏人、坏事，分析总结事故教训等。

主要特点。一是行文目的的告知性。目的都在于告知某一情况，增进对某一事件真实情况的了解，澄清不实传闻，说明有关政策和措施，以统一思想和行动。二是行文行为的及时性。如处置突发事件，要及时将有关情况予以通报。

【起草格式】

通报一般由标题、主送机关、正文、日期和落款等部分构成。

（1）标题

通报的标题一般常用发文机关名称、事由和文种三要素依次相加构成。还可以采用"事由+通报"或仅用"通报"二字构成的简化式标题。

（2）主送机关

除普发性的通报外，其他一般通报都应标明主送机关和范围。其内容在标题下面顶格书写，主送机关或单位之间用顿号隔开，最后用冒号。

(3) 正文

通报正文的写法比较灵活，主要介绍通报的事件或人物，一般把通报的情况的缘由、时间、地点、经过、结果、要求等要交代清楚，并分析阐明所陈述内容的性质、意义或提出引以为戒及值得注意的事项，结尾时写明所作出的决定或指示性意见，及提出有关要求或发出号召等。

根据通报的不同种类和不同内容，写法也不尽相同。现简述如下：

第一，表彰性通报。

这类通报的正文，往往要首先介绍有关单位或个人的事迹，文字要简明精练；接着概括评析和指出向先进典型学习的主要内容，要材料生动，详尽具体，具有感染力；最后发出号召、提出希望、要求或决定，做到实事求是，恰如其分。

第二，批评性通报。

通报的正文首先要简明扼要地写清楚被通报单位或个人的主要问题、情节、错误的性质、动因等；然后陈述对所通报错误、问题或事故的处理意见和决定，并在此基础上提出告诫性要求，指出应从中吸取教训，以防止类似事件的再次发生。

第三，情况通报。

通报的正文首先要交代所通报的情况，对有关主要情节进行客观阐明；然后在对客观事实分析的基础上，表明发文者的要求和意见。但一般情况通报，也可以不提出具体的要求或希望。

(4) 日期和落款

在通报正文的右下方落款处写明发文机关名称及发文年月日。发文机关名称如在标题中已经注明，结尾也可不签。如发文日期已在标题下行的居中位置注明，结尾就可略去不写。

【重点说明】

(1) 通报的特点

第一，导向性。

任何通报，其目的都是为了指导工作，起到正确的导向作用，扬善抑恶，树立正气，打击歪风，推广经验，总结教训，从而推动工作的健康发展。

第二，典型性。

通报的人、事或问题，都必须是经过选择的，有典型意义的。通报的对象具有代表性，才能反映事物的本质，起到教育、激励、警戒和指导作用。

第三，公开性。

通报一般要及时与一定范围内的群众见面，向干部群众宣读；与有关单位沟通信息，上情下达，交流情况，使通报真正起到应有的作用。

（2）写法注意事项

第一，事例应新颖典型。

写作通报应选择新颖的具有代表性的人与事，选择与推进当前党和国家的中心工作密切相关的重要情况和事项，给予正确而恰当的分析与评述，并在本系统、本机关内印发，使人周知，对干部、群众有普遍的教育意义，对工作有指导意义。

第二，材料要真实、准确。

表扬与批评性通报，传达性通报，都要在下属机关中广泛印发，使干部与群众周知，尽量扩大影响面。因此，选择材料时应特别慎重，必须经过深入的调查核实，力求通报的内容无一疏漏，准确无误。表彰的事实如果失真，会令人不服，难以起到示范推广的作用；批评的事实不准，"后遗症"会更大，即使是情况通报，也必须真实准确，否则就会失去通报的权威性。为此，对通报中涉及的时间、地点、姓名、数据、事实情节，事情产生的原因、结果，处理决定等基本部分，必须写准、写全。

第三，定位要准确。

在写作时，要注意区别模范和先进、重大贡献和突出贡献、严重违纪和一般过失等的差异性以及估计某一重要情况发展态势的科学性，做到是非清楚，褒贬得当，使通报做出的分析和决定切合实际。

第四，语言色彩应用得当。

通报的语言色彩与其他公文文种语言一样，应讲究庄重，但也不完全排斥感情色彩，关键是要掌握好分寸，做到语言色彩与客观事实相协调，对褒奖性事项赞美而不失庄重，对惩戒性事项严厉而不耸人听闻。

第五，及时、快捷。

制发通报必须不误时机，否则，事过境迁，就会失去通报的价值。

【范例参考】

范例1：

关于迟报信息情况的通报

各设区市常委信息工作部门：

×月×日，××市委办、××县委办迟报信息《××县××乡××村发生内涝造成250民村民受困》。

请将此通报报告市委秘书长。

××省委办公厅信息综合室
20××年×月×日

第十节 报告

【概念解说】

"报告"是"向上级机关汇报工作,反映情况,答复上级机关的询问"所用的文体。也就是说下级机关向上级领导机关,业务主管机关、部门向机关领导,执行机关向权力机关汇报工作、反映情况、答复询问所使用的陈述性上行公文。

【起草格式】

报告的结构一般由标题、主送机关、正文、落款和成文时间组成,下面分别介绍几种报告写法。

(1)汇报性报告

汇报性报告主要是下级机关向上级机关,执行机关向权力机关汇报工作、反映情况的报告。这种报告一般可分为两种类型:

第一,综合报告。

综合报告涉及的内容较多,写作难度比较大。写好综合报告一方面要依靠集体的力量,同年终总结或者某一阶段的全面总结结合起来;另一方面写作的时候要有一定的章法。毛泽东同志在讲到如何写作综合报告时有这样一个指示:综合报告要概括说明"各项活动的动态";点明"活动中发生的问题和倾向";提出"解决的方法"。综合报告要说明的工作项目较多，只能突出重点。

这种报告是本单位、本部门或本地区、本系统工作到一定的阶段，就工作的全面情况向上级写的汇报性的报告。其内容大体包括工作的进展情况，成绩或问题，经验或教训以及对今后工作的意见。这种报告的特点是全面、概括、精练。所谓"全面"，是指报告的内容要体现一个地区、一个部门在某一段期间内的全面工作情况；所谓"概括精练"，是指表述内容的时候，少写或不写烦琐的工作过程，要用结论性、要求性的语言，表达出某项工作的结果、希望或要求。

第二，专题报告。

这种报告是本单位、本部门或本地区、本系统就某项工作或某个问题，向上级领导部门所写的汇报性报告。从内容上说，这种报告主要有两种：情况报告和工作报告。其内容与综合性报告差不多，但也有自身的特点：

一是内容专一。也就是说，一份专题报告只反映某一方面的情况和问题。除了写出事件的结果以外，常常把重点放在情况的阐述、事情的原委、性质的分析和自己的看法上。如果是反映成绩的报告，则应把重点放在做法、成绩、经验和总结上。

二是针对性强。主要包括两种情况：一种是日常工作中出现的新情况、新问题，向上级汇报以后可以及时得到支持或指示；另一种是上级部门在安排部署某项工作任务时，就要求下级单位在一定期间把工作进展情况按期向领导汇报。领导要求什么，汇报什么，所以针对性较强。汇报性报告主要是便于领导掌握情况，为决策提供信息，除其中少数领导批转下发外，一般只予呈送，并不要求领导回答或批准什么问题。

（2）答复性报告

答复性报告是针对上级领导部门或业务管理部门所提出的问题或某些要求而写出的报告。这种报告要求问什么答什么，不要涉及询问以外的问题或情况。

（3）呈报性报告

呈报性报告是下级向上级报送文件、物件随文呈报的一种报告。一般是一两句话说明报送文件或物件的根据或目的以及与文件、物件有关的事宜。

（4）例行工作报告

例行工作报告是下级机关或企事业单位，因工作需要定期向上级领导机关或业务主管部门所写的报告。如财务部门定期向业务主管部门和财政、税收、银行等业务指导机关所呈送的财务报表，包括日报、周报、旬报、月报、季报等。

【重点说明】

"报告"是陈述性文体。写作时要以事实材料为主要内容，以概括叙述为主要表达方式。"报告"是行政公文中的上行文种，撰写"报告"的目的就是为了让上级机关掌握本单位的情况，了解本单位的工作状况及要求，使上级领导能及时给予支持，为上级机关处理问题、布置工作或做出某一决策提供依据。"下情上达"是制发"报告"的目的。

所以报告的内容要求以摆事实为主，要客观地向上级反映具体情况，不要过多地采用议论和说明，表达方式以概括叙述为主。报告与请示都是上行公文，撰写的时候都要讲究语气的恳切、委婉、谦和，不宜用指令性的语言。注意报告中不能夹带请示。请示内容应另立文种单独呈递。

【范例参考】

范例1：

厅办公室主任2017年度述职述德述廉报告

一年来，在厅领导班子正确领导下，在厅机关各处（室、局）同事们的关心和帮助下，我坚持以习近平新时代中国特色社会主义思想为指导，讲政治、顾大局、守纪律，注重理论和业务学习，不断加强党性修养，廉洁履行岗位职责，团结带领全室同志较好地完成了各项工作任务，着力推进办公室工作协调发展、科学发展。

一、加强学习，全面提升综合素质

一年来，我自觉遵照××厅的部署和要求，积极参加厅理论中心组的各项学习活动，坚持开展"每周一学"活动，养成良好的学习习惯，努力做到学以明志、学以强能、学以致用。特别是深入系统地学习习近平新时代中国特色社会主义思想，贯彻党的十九大精神。在抓好自身学习的同时，始终把建设一支政治忠诚、纪律严明、业务精湛、甘于奉献的办公室队伍作为重点工作来抓，在政治理论学习上，坚持"有计划，有目标，有内容，出实效"。我们坚持每周至少安排一个小时作为集中学习时间。在学习内容上，主要从近期中央、省委重大会议和重要文件精神的学习传达入手，组织全室干部积极参与学习型机关建设等活动，并结合支部学习园地，不断丰富理论学习内容。通过召开座谈会、定期撰写学习心得、阶段总结点评、民主生活会等形式，确保每位同志明确理论学习的重要性，提高全室同志的政治觉悟，增强工作责任心，提升工作作风和工作热情，使理论学习出实效。用科学的理论武装头脑，指导实践，进一步增强政治意识、大局意识、服务意识和创新意识，全面提高干部综合素养，为更好地履行职责、提高"三服务"工作水平夯实基础。

二、统筹兼顾，忠诚履行岗位职责

根据组织安排，2016年9月起我开始担任办公室主任一职，面对岗位的工作压力，我坚持按照"锐意创新，艰苦创业，奋力创优"的要求，始终围绕中心工作和"三服务"工作大局，统筹推进办公室各项工作顺利开展。主要做了以下工作：

（一）**优质高效做好领导活动和会议服务工作。** 坚持以"零失误"为目标，努力做到早谋划、早介入，精心做好各级领导到我单位视察和××领导出席会议、仪式以及调研、拜会、会见、接见、合影等活动的服务工作。一是充分领会领导意图。加强与部门、基层、群众的沟通和联系，认真研究领导政务活动规律，主动及时向分管领导汇报，深刻理解把握领导意图，快速起草报审工作方案。二是主动牵头抓总做好准备工作。即做到"三个提前"，每项活动提前介入了解基础工作，加强与相关单位的沟通，及时制定工作细案；重大活动提前一天以上去踩点、布置现场；每项活动提前一个小时到位检查。三是认真服务好领导活动。在服务领导下基层考察调研时，严格控制陪同人员数量，有针对性选择考察点，既有好的典型，也有困难比较多、工作难度大的地方，考察点现场布置不弄虚作假，不临时装修或增添设备。多让领导与基层群众代表和领导同志接触、交流，便于领导同志考察全貌、了解实情、指导工作。四是强化执行提高效率。按照工作细案流程，严格工作标准，规范运行程序，优化工作流程，做到责任分明、环环相扣、快捷高效。同时，加强现场指挥调度，及时协调处理突发情况，确保活动顺利进行。今年以来，先后服务各类重大活动3次，组织协调服务我厅领导出席会议70多次，出席会见拜会等活动40多次，考察调研10多次。完成各类会议服务30余次。

（二）细致周全做好重要会务、重大活动等接待工作。我始终坚持"办公室工作无小事"的理念，把办公室工作定位在促进办公厅"三服务"工作科学发展的大局上，以服务满意度为目标，对工作任务进行科学安排，合理分工，使每一项工作环节都职责明确，责任到人，让每位同志都感到肩上有担子、有压力，不敢疏忽，增强责任意识，确保每一次重要会务、重大活动、宾客来访等接待工作，以及领导出行迎送工作均零差错。一年来，共完成了11次重要会议的会务接待工作，涉及3100多人次；完成了领导出行迎送服务115批次，涉及300多人次；完成接待各级检查指导工作共33批、312人次。各项接待服务工作没有因工作失误出现差错，厅主要领导、参会代表及来访宾客比较满意。

（三）扎实做好厅务服务工作。在工作量大、任务繁杂的情况下，我团结带领全室同志主动服务，通过加强协调，健全完善厅领导活动提醒制度、文件签批流转制度、厅领导重要政务活动跟踪服务制度等三项制度，进一步提高厅务工作水平。在做好厅领导服务的同时，主动作为，积极为厅各处（室、局）做好服务。参与组织协调服务厅内活动、会议30多次，为各处（室、局）和有关单位呈送流转文件250多份，编发《厅领导一周主要活动安排》、《厅领导活动周记》各10期、《厅工作简报》3期、《近期重要情况汇总》1期；使用厅党组印章6000余次，为各单位刻制印章5枚，分发报刊、杂志等资料3500多份。

（四）**统筹推进处室建设**。坚持以人为本，通过集中开展政治理论学习、陪领导同志考察调研、组织党员到基层单位开展党建活动、组织干部与有关单位开展业务交流活动等，不断加强办公室干部队伍的学习教育和培养锻炼，进一步提高干部队伍的政策理论水平、业务工作能力，促使干部快步成熟、茁壮成长，从而不断提高团队凝集力、战斗力，推动工作协调发展。

三、廉洁自律，全力维护党办形象

一年来，我坚决执行党员领导干部廉洁从政的各项规章制度要求，严格维护和带头遵守党的政治纪律和接待工作纪律，自觉接受组织和干部群众的监督，始终把心思和精力用在工作上，用在干事创业上，做到了务实、清廉。在生活中，我自觉做到慎微、慎独、慎染、慎始、慎终，始终保持严谨的工作作风，坚持以身作则，要求别人做到的，自己首先做到，要求别人不做的，自己坚决不做。从不拿原则作交易，不用职权谋私利，坚持清白做人、干净做事，以高度负责的态度全力维护好党委办公厅的良好形象。

一年来，我虽然在工作上尽心尽力，也取得了一定的成绩，但也存在不少问题和不足，如：政治理论学习还不够系统深入，政策理论水平还待进一步加强，等等。在今后工作中，本人将加倍努力改进。

范例 2：

2018 年二季度重点企业融资需求问卷调查报告

编者按：为进一步了解××地区企业融资情况，我们组织对辖区 50 家重点企业按季度开展融资需求问卷调查。现将二季度调查结果呈上。

一、问卷调查样本基本情况

50 家重点企业资产总计 3178.74 亿元，占我地区规上工业资产总计的 15%。从所属行业类型看，所选 50 家企业基本均匀分布在 23 个行业，其中，占比最高的是农副产品加工业，占样本企业的 12%，其次是黑色金属冶炼及压延加工业和汽车制造业，分别均占样本企业的 10%。

二、企业享受金融服务情况

（一）企业融资减少，对银行贷款依赖度下降。50 家重点企业中，二季度末有融资余额的有 45 家，融资余额 884.73 亿元，较一季度末减少 123.59 亿元，降低 12.26%。其中银行贷款占 76.1%，占比较一季度下降 6.4 个百分点。

（二）四成企业使用抵押贷款，抵押率 5-6 成居多，质押率较高。企业获得贷款类型中，抵押贷款占比最高，达 41.18%；信用贷款次之，为 23.53%；质押贷款、担保贷款占比分别为 14.71%、20.59%。抵押贷款中，抵押率 5-6 成居多，占 42.86%，8 成以上和 7-8 成分别占 25%、17.86%。质押贷款的质押率较高，8 成以上占一半。

（三）融资需求满足率上升，多数企业可承受的利率上限在基准利率上浮 30% 以内。近八成企业融资需求满足率在 70% 以上，较一季度上升 6.23 个百分点，满足率不足 50% 的仅为 9.52%，下降 3.25 个百分点，总体来看，企业融资需求满足率较高。六成企业表示可承受的最高利率在基准利率上浮 30% 以内，25.84% 的企业表示利率水平太高是其融资面临的难题。

（四）购买原材料仍是二季度企业融资的主要用途。二季度，超四成企业融资仍然用于购买原材料，但较一季度下降5个百分点；其余六成用于技术改造、扩大再生产、基本建设、支付经营管理费用。用于环境污染治理的企业占比也上升了2个百分点，说明企业正致力于积极贯彻"绿色"发展理念。

（五）政银企对接活动和商业银行推介等仍受企业青睐。二季度，企业对通过政银企对接活动、商业银行产品专场推介等渠道获取融资信息的期望度上升，占比分别为48.19%、33.73%，环比分别上升12.23、3.03个百分点，表明企业对政府、银行权威部门机构的信任度较高，政银双方应切实在企业融资过程中发挥纽带作用。

三、企业金融需求情况及存在问题

（一）银行利率偏高一跃成为二季度企业融资的首要难题。二季度问卷调查显示，企业融资面临的前四大障碍为银行利率偏高、抵押担保难、融资耗时长、所属行业受限制，分别占25.84%、21.35%、17.98%、14.61%。

（二）担保等附加费用较多拉高企业总体融资成本。50家样本企业中，有14家贷款通过第三方担保形式获得，担保费率在0~4%之间。企业的融资成本若加上抵押评估、保险等其他附加费用，约达8%~12%之间或更高。

（三）企业融资结构仍不均衡。尽管二季度企业对银行贷款依赖性降低，但在各类融资方式中，比重仍然失衡，银行贷款依然是企业外源融资的主要方式，其余的票据融资、债券融资与融资租赁、信托、委托贷款等仅占二成左右。

四、政策建议

一是引导企业通过发行企业债、公司债、中期票据、资产支持票据、短期融资券、超短期融资券、项目收益债等融资方式。发挥政府投资引导基金作用，支持产业链核心企业发起、引导社会资本共同参与设立产业创投基金。鼓励有条件的民营企业联合发起设立民营资本投资公司。二是构建高效的政银企担对接合作机制。组织召开"政银企担"对接洽谈会、个别项目专题对接等多种形式，争取企业融资项目成熟一项落实一项。推动融资信息服务平台建设，以"互联网＋"融资对接全覆盖。三是扩大政策性担保业务占比，降低企业担保费率，对企业信用状况良好、有市场、有效益的企业降低反担保条件。同时，建立政策性应急转贷体系扩大政策性担保业务占比，出台规范各类融资收费行为的指导意见，帮助企业转贷、续贷，降低过桥贷款成本。

第十一节
请示

【概念解说】

请示是"向上级机关请求指示、批准"所用的文体,是下级机关向上级机关请求决断、指示、批示或批准事项所使用的呈批性公文。请示属于上行公文,其应用范围也比较广泛。

【起草格式】

请示由首部、正文和尾部三部分组成,其各部分的格式、内容和写法要求如下:

(1)首部

主要包括标题和主送机关两个项目内容。

第一,标题。

请示的标题一般有两种构成形式:一种是由发文机关名称、事由和文种构成。如《××市人民政府关于××××××的请示》;另一种是由事由和文种构成,如《关于开展春节拥军优属工作的请示》。

第二,主送机关。

请示的主送机关是指负责受理和答复该文件的机关。每件请示只能写一个主送机关,不能多头请示。

（2）正文

其结构一般由开头、主体和结语等部分组成。

第一，开头。

主要交代请示的缘由。它是请示事项能否成立的前提条件，也是上级机关批复的根据。原因要讲得客观、具体，理由要讲得合理、充分。

第二，主体。

主要说明请求事项。它是向上级机关提出的具体请求，也是陈述缘由的目的所在。这部分内容要单一，只宜请求一件事。另外请示事项要写得具体、明确，条项清楚，要注意明确集中、切实可行。既要考虑本部门、本单位的实际需要，又要顾及全局利益。只顾一头，不顾另一头，就难以达到请示的目的。

第三，结语。

应另起一段，习惯用语一般有"当否，请批示"，"妥否，请批复"，"以上请示，请予审批"或"以上请示如无不妥，请批转各地区、各部门研究执行"等。

（3）落款

一般包括署名和成文时间两个项目内容。标题写明发文机关的，这里可不再署名，但需加盖单位公章，注明成文时间××××年××月××日。

（4）撰写请示应注意的问题

请示的写作首先要和"报告"文种相区别。在这个前提下，一要做到材料真实，不要为了让上级领导批准而虚构情况，也不要因为没能认真调查而片面地摆情况，提问题；二要理由充分，请示事项要明确、具体；三要语气平实，恳切，以期引起上级的重视，既不能出言生硬，也不要低声下气。

【重点说明】

请示的写作要注意，为了避免工作的失误，必须经常向上级机关请示，但是又要防止事无巨细，什么都向上级机关请示。这里的原则是对上级的方针、政策不了解的问题，对工作中不能解决的问题才向上级机关请示。

请示的种类根据内容、性质的不同，可分为以下三种：

第一，请求指示性请示；

第二，请求批准性请示；

第三，请示批转性请示。

写作时应当注意：首先应当一文一事。一般只写一个主送机关，需要同时送其他机关的，应当用抄送的形式，但不得抄送其下级机关。除上级机关负责人直接交办的事项外，不得以机关名义向上级机关负责人报送"请示"。

【范例参考】

范例1：

关于建立中国工程院有关问题的请示

国务院：

近年来，我国科学家、工程技术专家和有关人士，曾多次提出建立中国工程院问题。

全国政协七届五次会议和中国科学院第六次学部委员大会期间，不少政协委员、学部委员和工程技术专家，又先后提出提案和建议。党中央和国务院领导同志十分重视这一建议。曾就建立中国工程院问题，多次作过批示。根据党中央和国务院领导同志的批示精神，组成了专家研究小组，经过广泛调查研究，听取各方面人士和有关产业部门的意见，进行反复酝酿和讨论，形成工程院的初步方案。现就建立中国工程院的有关问题报告如下。

一、关于建立中国工程院的必要性。（略）

二、关于组建中国工程院的一些原则。（略）

（一）关于名称（略）

（二）关于中国工程院的性质和作用（略）

（三）关于中国工程院成员的称谓（略）

（四）关于中国工程院与中国科学院（学部）的关系（略）

（五）关于中国工程院院士的标准和条件（略）

（六）关于中国工程院第一批院士的产生及以后的增选制度（略）

（七）关于中国工程院的领导体制及学部设置（略）

三、关于中国工程院的筹建工作及进度安排（略）

以上请示当否，请批示。

国家科委（盖章）

中国科学院（盖章）

××××年十一月十日

范例2：

关于《会计人员职权条例》中"总会计师"

既是行政职务又是技术职称的请示

财政部：

　　国务院××××年国发〔××××〕××号通知颁发的《会计人员职权条例》规定，会计人员技术职称分为总会计师、会计师、助理会计师、会计员四种，其中"总会计师"既是行政职务，又作为技术职称。在执行中，工厂总会计师按《条例》规定，负责全厂的财务会计事宜。可是每个工厂，尤其大工厂，授予总会计师职称的人有四五人，究竟由哪一位负责全厂的财务会计事宜，执行总会计师的职责与权限呢？我们认为宜将行政职务与技术职称分开。总会计师为行政职务，不再作为技术职称，比照最近国务院颁发的《工程技术干部技术职称暂行规定》将《条例》第五章规定的会计人员职称的"总会计师"改为"高级会计师"。

以上意见是否妥当，请指示。

××省财政厅（盖章）

××××年××月××日

第十二节 批复

【概念解说】

批复,是用于答复下级机关请示事项的公文,它是机关应用写作活动中的一种常用公务文书。

【起草格式】

批复的结构通常包括标题、主送机关、正文、落款和成文时间几个部分。

(1)标题

批复标题的写法最常见的是完全式的标题,即由发文机关、事由和文种构成。例如20××年8月2日《国务院关于东北地区振兴规划的批复》。

(2)正文

批复正文包括引叙来文和做出批复两部分,有些再写上"此复"一类结束语。如果同意下级来文的意见和要求,就要明确表示肯定意见,并做出必要的指示。

如果不同意或者只是部分同意下级机关的意见,就需要简要说明情况或原因,以便下级机关重新考虑其他的解决办法。

【重点说明】

批复的写作要求,主要有以下四点:

（1）慎重及时

批复既是上级机关指示性、政策性较强的公文，又是对下级单位请求指示、批准的答复性公文，因此，撰写批复要慎重及时。批复机关收到请示后，要及时进行周密的调查了解，掌握有关情况，根据现行政策法令及办事准则，经认真研究后，及时给予答复。

（2）针对请示答复

请示要求一文一事，批复也应有针对性地一文一批复，请示要求解决什么问题，批复就答复什么问题，上下行文互相对应。

（3）明确态度

批复意见不管同意与否，必须十分清楚明白，态度明朗。不能含糊其辞，模棱两可，以免下级无所适从。

批复的主送机关明确只有请示机关一个，如果所请示问题有普遍性，或需告知其他一些机关，可用如下办法处理：一是除批复原请示单位外，并转有关单位；二是将批复抄送有关单位；三是将有关意见另用"通知"行文，将本机关对一些普遍性问题的意见及时传达下去。

（4）不能同复函混用

批复与复函由于都是回复来文的公文，有时也会被混用。两者的区别在于：从行文关系看，批复是上级机关向下级机关答复用文，属下行文；复函一般是向不相隶属机关答复用文，属平行文。从行文内容看，批复多属于对重大原则和政策性问题做出决定、批复，复函多用于一般性事项的回复。

【范例参考】

范例1：

国务院关于同意设立"中国农民丰收节"的批复

国函〔2018〕80号

农业农村部：

关于申请设立"中国农民丰收节"的请示收悉。同意自2018年起，将每年农历秋分设立为"中国农民丰收节"。具体工作由你部商有关部门组织实施。

国务院
2018年6月7日

（此件公开发布）

范例2：

国务院关于同意撤销深圳经济特区管理线的批复
国函〔2018〕3号

广东省人民政府：

你省《关于撤销深圳经济特区管理线的请示》（粤府〔2017〕88号）收悉。现批复如下：

一、为促进深圳经济特区一体化发展，结合特区建设发展面临的新形势新使命新任务，同意撤销深圳经济特区管理线。

二、你省和深圳市要认真做好经济特区管理线撤销相关工作，并以此为契机，实施深圳全市域统一的城乡规划建设管理，进一步优化城市功能布局，完善交通基础设施，推进节约集约用地，强化环境保护和生态建设，有序提升公共产品和服务供给水平，实现更高质量的城市化，为新时期超大城市规划建设管理运营积累经验、当好示范。

三、深圳经济特区管理线撤销后，要进一步加强粤港边界一线管控，强化基础设施建设，确保粤港边界持续稳定。

四、国务院有关部门要按照职责分工，支持广东省和深圳市做好撤销深圳经济特区管理线相关工作。

国务院
2018年1月6日

（此件公开发布）

第十三节
议案

【概念解说】

议案是由具有法定提案权的国家机关、会议常设或临时设立的机构和组织，以及一定数量的个人，向权力机构提出进行审议并做出决定的议事原案。每个国家的议案提交程序和规定都是不一样的，但是都是行使国家权力的重要手段。

主要特点。一是行文主体的法定性。发文主体是各级人民政府，人民代表大会主席团或一定数量的人民代表。受文主体是同级人民代表大会或其常务委员会。二是行文客体的特定性。所提内容必须是人民代表大会及其常务委员会职权范围内的事项。三是行文的时效性。议案必须在会议期间正式提出，否则不能列为议案。四是行文的程序性。提出议案和审议议案都有法定程序，必须遵照办理。

【起草格式】

议案一般由公文常规的标题、正文和落款三部分组成，落款亦分上、下款。

（1）议案的标题

与一般公文标题相同，议案有两种形式：一是通常采用完整式标题，即三要素俱全的标题，由提出议案的人民政府名称、提请审议的事由和文种构成；二是省略式标题，即事由和文种两要素构成的标题，如《关于提请审议〈××市建筑市场管理条例（草案）〉的议案》。

议案标题中的事由部分必须有"提请审议"的字样，但这里的"提请"与下级机关向上级机关"请求指示"的意思不同，是国家行政机关表示对同级人民代表大会或人大常委会的尊重和负责。

（2）主送机关、发文机关和成文日期

议案的主送机关，只能是同级人民代表大会及其常务委员会，不能有其他并列机关。要采用全称或规范化简称。有时需写明人民代表大会的第几次会议或第几次会议主席团，如"××市第×届人民代表大会第×次会议主席团"。发文机关是同级人民政府，政府首长署名。成文日期以政府首长签署为准，置于发文机关和首长署名的下方。

（3）正文的撰写

第一，提出议案的缘由。

即提请此议案的根据、意义或目的，篇幅可长可短。

第二，提请审议的具体事项。

即对提请审议的事项或问题提出解决的途径、方法。一般来说，要求审议的事项在文中只有其名目，而真正审议的对象是随议案附上的法律、法规等文件本身。此部分必须做到一案一事，也就是说，一份议案只阐述一个事项，解决一个问题，形成一个中心，既不能一事几案，断断续续，又不能一案几事，臃肿膨胀，影响审议。议案具有较强的法律约束力，行文要简明扼要，主题要概括集中，所提事项要清楚明了，避免过多的铺叙和议论；语言要庄重规范，不要使用口头语或过多的修饰语。

第三，结语。

主要用于提出审议请求。一般采用模式化写法，言简意赅，如"请予审议""现提请审议，并请做出批准的决定"等。也有的议案正文后自然收束，不加结语。

（4）附件

议案是必须带有附件的公文，附件是根据正文需要附上的材料，即需要具体审议的法律、法规（草案）、重大政策性文件或情况说明。议案的主要作用是引出作为审议对象的附件内容。附件的标题注明在正文下方，落款前左方。有些议案可以没有附件。

（5）落款

我国政府机关的领导体制按宪法和有关法律法规的规定，实行的是首长负责制，且同级政府及其负责人是由同级人民代表大会选举产生的，必须定期向同级人民代表大会及其常务委员会汇报工作，接受审议。因此提请审议的"议案"落款必须由同级政府行政首长签署，署名前冠以职务，而不能盖政府机关的印章。成文时间即行政首长签发的年、月、日。

【重点说明】

议案的特点主要有以下几点：

（1）专用性

专用性就是说有权使用议案及提出议案的部门只能是各级人民政府，任何个人和其他部门如党团组织、社会团体、企事业单位、政府各部门都无权提出议案。而且提交的议案也只能供同级的人民代表大会或人大常委会受理和使用。

（2）提请性

提请性即提出请求审议性。这是因为一方面人代会或人大常委会属于权力机构，在同级国家机关体系中居于首要地位，议案的内容，只有被人代会或人大常委会审议通过，才能生效。另一方面每份议案都应写上"现提请审议"的字样。政府方面为使具有建议性质的议案获得通过，必须写清楚提请的必要性和可行性，要言之有理，符合客观条件，切实可行。

（3）法律程序性

提出议案和审议议案都要按照法律程序进行。如国务院向全国人大提出的议案，由主席团决定列入会议议程，国务院向全国人民代表大会常务委员会提交的议案则由委员长会议决定提请常务委员会会议审议，或先交有关专门委员会审议、提出报告，再决定提请常务委员会会议审议。地方各级人民代表大会举行会议时，本级人民政府向本级人民代表大会提出的议案，由主席团决定提交人民代表大会会议审议，或交有关的专门委员会审议、提出报告，再由主席团审议决定提交大会表决。同时，议案与其他公文最大的不同是，议案的提出必须是在规定的时间，即议案必须在同级人民代表大会或人大常委会举行期及时提出，否则不能列为议案。

特别需要注意的是，议案与提案不同。因为，提案可以是会议代表或联合提交会议讨论的事项。提案属于会议用文件，提案代表个人、群体向大会提出要求讨论、审查、转交有关部门处理或参照的，不像议案那样具有法定的效力。过去，把提案也叫议案，现在在公文中已经对议案有严格的界定。

【范例参考】

关于尽快建立杭州市劳动社会保障电话咨询中心的议案

建立稳定和谐的劳动关系、健全劳动社会保障机制是发展市场经济和深化改革、保持社会稳定的一项重要工作。当前，随着市场经济的完善，经济体制改革的深入和政府职能的转变，劳动和社会保障问题与广大市民、用人单位的关系越来越密切。近年来，群众和企业对有关劳动和社会保障方面的政策咨询和查询越来越多，数量急剧上升，仅20××年就受理了市长公开电话近5000件，问题主要集中在劳动和社会保障政策的不理解。而目前就业、劳动关系、养老、医疗、失业、工伤、生育等问题由劳动保障部门的各个职能部门来解答，老百姓为了一个劳动保障方面的问题往往需要打几个部门的电话，或者由于不知道问具体哪个部门，为了一个问题需要转几个电话才能解决，极不方便广大群众。据了解，外地很多城市都已相继建立了劳动保障电话咨询服务中心，统一受理劳动保障电话咨询和查询等有关业务，提高了服务水平，方便了广大群众，提升了政府形象。为此，我们建议政府：

一、尽快在我市建立劳动保障电话咨询服务中心，使用统一号码，集中受理劳动保障电话咨询查询和投诉举报，方便市民与用人单位，拓展与公众的沟通渠道。

二、落实劳动保障电话咨询服务中心的人员编制，按照我市经济社会发展状况和人口规模的需求，服务中心规模应在 30 台电话左右。

三、落实劳动保障电话咨询服务中心的经费保障，在年度财政预算中应加以考虑，以确保服务中心的正常运转，充分发挥中心的宣传和服务作用。

××××有限公司董事长

范例 2：

国函〔2018〕53 号

国务院关于提请审议国务院机构改革方案的议案

全国人民代表大会：

中国共产党第十九次全国代表大会明确要求深化机构和行政体制改革。党的十九届三中全会审议通过了《深化党和国家机构改革方案》，同意将其中涉及国务院机构改革的内容提交第十三届全国人民代表大会第一次会议审议。现将根据《深化党和国家机构改革方案》形成的《国务院机构改革方案》提请第十三届全国人民代表大会第一次会议审议。

国务院总理　李克强
2018 年 3 月 9 日

第十四节 函

【概念解说】

函是不相隶属机关之间商洽工作，询问和答复问题，或者向有关主管部门请求批准事项时所使用的公文。这是应用写作实践中的一种常用文体。

【起草格式】

函一般由标题、主送机关、正文、落款和日期构成。

（1）标题

函的标题通常有两种结构形式：

第一，由"事由＋文种"构成。

第二，由"发文机关＋事由＋文种"构成。

（2）正文

函的正文主要由开头和中间两部分构成，有的附加结尾。

第一，开头：发函缘由。写明发函的原因、依据。缘由的写法，除问答函（指复函）有一定模式可循，商洽函、请批函均无模式可循。不同内容有不同写法。复函的缘由常见写法是"××日来函收悉"，或"（关于……的函）收悉"。商洽函、请批函的缘由写明商洽、请批某事的原因理由即可。

第二，中间：发函事项。这是公函的重点。写明商洽、请批、答复的具体内容。常见写法有两种：第一种写法是一段到底，把事项与缘由融合起来。第二种写法，事项与缘由分开，事项部分依据内容分条来写。这部分文字不宜多，但是又要把有关事项交代清楚，使人家明白应当怎样去做。

结尾：有的意完即止，无特殊的结尾标志；有的在结尾处写上"特此函告"或"盼复""请函复"；若是复函，则写上"特此函复"。

第三，发函单位。加盖单位公章。

第四，发函日期。位于印章下方，全称写明年、月、日。

【重点说明】

就使用范围而言，函"适用于不相隶属机关之间相互商洽工作、询问和答复问题；向有关主管部门请求批准"等。就行文关系而言，函是平行文。虽然上级向下级询问工作情况或某一具体问题，下级向上级及业务指导机关询问有关方针政策和界限不明确的问题等，也可用函行文，但多数用于不相隶属机关之间。

依据行文内容，函可分为两种：

（1）便函

便函，一般采用书信格式，不拟文件标题，只有上下款和日期，不编文件号，发出时可盖公章，也可签个人姓名。

（2）公函

公文文种之一，起草、签发要按公文处理。从行文方向看，公函分为来函和复函两种。

【范例参考】

博指统函〔20××〕×号

关于商请选派工作人员

到"两会"指挥中心工作的函

省公安厅：

第三届国际民歌节将于20××年×月×日举办。为做好筹办工作，根据工作需要和往届惯例，现商请贵厅选派1名熟悉业务的处级领导或工作人员到第三届国际民歌节指挥中心统筹协调部工作，时间为×月×—×月×日。派出工作期间，请贵厅保留相关人员职务，其工资、福利仍由贵厅发放。

　　请贵厅负责做好人员选派和政审工作，于×月×日前反馈名单，并通知选派人员携有关证明按时报到。

　　特此致函，请予支持。

第三届国际民歌节指挥中心统筹协调部
20××年×月×日

　　（联系人及电话：×××，×××）

　　抄送：本部领导。

　　人力资源调配组，秘存。

第十五节
纪要

【概念说明】

纪要是在"记载和传达会议情况和议定事项"时使用的一种行政公文。会议议定事项是本单位、本地区、本系统开展工作的依据。有的会议纪要的精神也可供别的单位、别的系统参考。

【起草格式】

会议纪要的写法因会议内容与类型不同而有所不同。就总体而言，一般由标题、正文、落款、日期构成。下面主要讲标题和正文的写法。

（1）标题

会议纪要的标题有单标题和双标题两种形式。

第一，单标题。

由"会议名称＋文种"构成。如《全国农村工作会议纪要》。

第二，双标题。

由"正标题＋副标题"构成。正标题揭示会议主旨，副标题标示会议名称和文种。

（2）正文

会议纪要的正文大多由导言和主体构成。具体写法依会议内容和类型而定。

第一，开头。

主要用于概述会议基本情况。办公会议属于例会，开头可以写得比较简单，但其他会议则要介绍召开会议的根据或者目的、时间、地点、人员、主要活动和收获等。其内容一般包括会议名称、会期会址、参加人员、主持人和会议议程等。

第二，主体。

集中表述会议主要情况和议定事项，这是会议纪要的核心部分，主要介绍会议议定事项。常见的写法有三种：

条文式写法。按议定事项写。就是把会议议定的事项分点写出来。办公会议纪要、工作会议纪要多用这种写法。

综述式写法。按问题写。就是将会议所讨论、研究的问题综合成若干部分，每个部分谈一个方面的内容。较复杂的工作会议或经验交流会议纪要多用这种写法。

摘记式写法。就是把与会人员的发言要点记录下来。一般在记录发言人首次发言时，在其姓名后用括号注明发言人所在单位和职务。为了便于把握发言内容，有时根据会议议题，在发言人前面冠以小标题，在小标题下写发言人的名字。

【重点说明】

会议纪要有别于会议记录。二者的主要区别是：

第一，性质不同。

会议记录是讨论发言的实录，属事务文书。会议纪要只记要点，是法定行政公文。

第二，功能不同。

会议记录一般不公开，无须传达或传阅，只作资料存档；会议纪要通常要在一定范围内传达或传阅，要求贯彻执行。

会议纪要主要有如下三种：记述平行机关或不相隶属机关有关会议的纪要；领导机关或业务主管部门召集其属下机关有关人员参加的办公会议纪要；学术研讨会纪要。

【范例参考】

关于改革北京、太原铁路局管理体制的会议纪要

根据中央书记和国务院的指示，康世恩同志于7月7日至7月9日，召集山西省、铁道部、国家经委和北京、太原铁路局的负责同志开会，对改革北京、太原铁路局管理体制，保证山西煤炭运输问题，认真做了研究。

山西省是我国重要的煤炭基地，组织好山西煤炭的运输，对国民经济具有十分重要的意义。山西煤炭的外运，主要由北京、太原两个铁路局承担。北京铁路局每天安排给太原铁路局的运煤空车占太原铁路局所需空车总数的95％左右；太原铁路局运出的煤炭有2/3是在北京铁路局管辖区域卸掉，其余大部分也要经由北京铁路局转运。但目前由于两个铁路局分管主要运输干线，把煤炭运输中的装、运、卸、排等环节分割开来，不能集中统一指挥，影响铁路运输能力的充分发挥，与山西煤炭外运任务很不适应。与会同志认为，必须按照经济区划和运输规律，对两个铁路局的管理体制进行改革。经反复协商，一致同意铁道部提出的体制改革实施方案：

一、建立北京铁路管理局，下设北京、太原、天津、石家庄四个铁路局，撤销铁路分局。

这样做的好处是：第一，北京铁路管理局可以统一调度指挥太原、北京两个铁路局的运输力量，形成一个整体，把煤炭运输中的装、运、卸、排各个环节紧密衔接起来，又把煤炭生产和运输紧密衔接起来，充分发挥运力效能，使运输线路畅通，更好地完成煤运任务。第二，有利于加强铁路基层工作。分局撤销以后，铁路局直接领导站、段，便于加强基层工作，搞好机车、车辆、线路、通信等设备的维修和技术改造，组织好职工的技术培训工作。

铁道部要立即着手制定北京铁路管理局和四个铁路局的职责范围和具体工作方法。

二、为了搞好生产与运输的衔接，加强北京铁路管理局与山西省的联

系，决定由北京铁路管理局派驻联络员，在山西省经委办公。其任务是，代表铁路管理局向省里请示汇报工作，办理、转达省里交办事项，及时沟通双方的情况，协调生产与运输的关系。

三、北京、太原两个铁路局在北同蒲线的分界点，定在宁武。这样便于北京铁路局全面安排大同和雁北地区统配矿与地方矿的煤炭外运。

四、铁路管理局、铁路局机构设置要精干，太原铁路局保留原建制，干部原则上不要变动，各项工作要进一步加强。分局撤销前对干部要做好安排。临汾、大同分局撤销后，可分别设立调度分所，必要时也可分设小型办事处，协助铁路局统一安排当地的车、机、工、电、检等项工作。

五、北京铁路管理局要切实安排好山西省地方物资的运输。要给太原铁路局保持足够的运用车。对流向固定的大宗散装物资，可采取固定车底组织直达循环拉运。对山西省的统配煤、经济煤、出口煤、协作煤、自拉煤等，要根据计划调节与市场调节相结合的原则，一视同仁，保证运输。

六、当前晋东南的煤炭绝大部分通过京广、陇海两条铁路线外运，装煤的空敞车全部靠郑州铁路局排送，因此太焦线五阳至孔庄一段线路，仍由郑州铁路局管理。铁道部要对太焦线进行技术改造，提高运输能力。为加强郑州铁路局与山西省的联系，郑州铁路局要在山西省派驻联络员。

改革铁路管理体制是一项复杂的工作，步子一定要稳妥。北京、太原铁路局管理体制的改革，作为全国铁路管理体制改革的试点，今年下半年做好准备，明年初开始实行。铁道部和有关省市要密切配合，加强领导，注意研究解决出现的问题，不断总结经验，把这项工作扎扎实实地搞好。

第五章

常用公文起草格式及范例

第一节 工作计划

【概念解说】

计划，是在工作或行动以前预先拟订的具体内容和步骤的公文。也就是党政机关、社会团体、企事业单位在一定时期内的生产、工作、科研等的打算，通过书面表达出来就形成计划。其特点表现在，时间一般在一年或半年左右，范围一般都是一个单位的工作或某一大项重要工作，内容和写法要比规划具体、深入，要比设想正规、细致，要比方案简明、集中，要比安排扩展、概要。按照不同的分类标准，计划可分为多种类型。

第一，按其所指向的工作、活动的领域来分，可分为工作计划、学习计划、生产计划、教学计划、销售计划、采购计划、分配计划、财务计划。

第二，按适用范围的大小不同，可分为国家计划、地区计划、单位计划、班组计划等。

第三，按适用时间的长短不同，可分为长期计划、中期计划、短期计划三类，具体还可以称为十年计划、五年计划、年度计划、季度计划、月份计划等。

第四，按指挥性的强弱不同，可分为指令性计划、指导性计划。

第五，按涉及面大小的不同，可分为综合性计划、专题性计划。

【起草格式】

1. 标题

计划的标题常规写法由单位名称、适用时间、指向事务、文种四个要素组成。如《××建筑工程安装公司××××年工作计划》《××大学××学院2005—2006年第一学期教学工作计划》。

除常规写法，还有一些变通的写法。变通情况一方面表现在要素的省略上，一方面表现在文体名称的变化上。

先说要素的省略。有些计划，省略单位名称，由适用时间、指向事务和文种组成，如《××年度全民义务植树造林工作计划》。有的计划，省略适用时间，这在专题计划中比较常见，如《××大学第二期教师安居工程工作计划》。有的计划，省略单位名称和适用时间两个要素，由指向事务和文种组成，如《科研工作计划》。也有只用文种做标题的，不过这种写法因太不正规不值得提倡。省略要素时要注意，越是基层单位的计划，省略要素的情况越普遍，因为涉及范围小，有些要素不说大家也明白。大单位的正规的计划，要素不可省略。

再说文种名称的变化。由于每一份计划所强调的重心各有侧重，其指挥性、约束性的强弱程度也有较大不同，计划不一定都用本名做标题，可以根据自身的特点和需要变换名称，如《××大学党委宣传部××××年度工作要点》《党委中心学习组××××年理论学习安排》。

2. 正文

（1）前言

前言是计划的开头部分，简明扼要表达出制订计划的背景、根据、目的、意义、指导思想等，一般一两个自然段即可。前言的详略长短，要根据工作的重要程度、内容的多少来确定，总体上以精练简洁为原则。

（2）主体

主体部分要一一列出准备开展的工作（学习）、任务，并提出步骤、方法、措施、要求。这是计划最重要的内容，也是篇幅最大的一部分。通常主体部分由于内容繁多，需要分层、分条撰写。常见的结构形式为：用"一、二、三……"的序码分层次，用"（一）、（二）、（三）……"加"1.2.3.……"的序码分条款。具体如何分层递进，依内容的多少及其内在的逻辑性而定，可参考后附例文。

（3）结尾

结尾可以用来提出希望、发出号召、展望前景、明确执行要求等，也可以在条款之后就结束全文，不写专门的结尾部分。

计划在结尾之后，还要署明单位名称和制订计划的具体时间，如果以文件的形式下发，还要加盖公章。

【工作计划的特点】

（1）预见性

这是计划最明显的特点之一。计划不是对已经形成的事实和状况的描述，而是在行动之前对行动的任务、目标、方法、措施所作出的预见性确认。但这种预想不是盲目的、空想的，而是以上级部门的规定和指示为指导，以本单位的实际条件为基础，以过去的成绩和问题为依据，对今后的发展趋势做出科学预测之后做出的。可以说，预见的准确性，决定了计划写作的成败。

（2）针对性

计划，一是根据党和国家的方针政策、上级部门的工作安排和指示精神而定，二是针对本单位的工作任务、主客观条件和相应能力而定。总之，从实际出发制订出来的计划，才是有意义、有价值的计划。

（3）可行性

可行性是和预见性、针对性紧密联系在一起的，预见准确、针对性强的计划，在现实中才真正可行。如果目标定得过高、措施无力，这个计划就是空中楼阁；反过来说，目标定得过低，措施方法都没有创见性，虽然实现很容易，但并不能因而取得有价值的成就，那也算不上具有可行性。

（4）约束性

计划一经通过、批准或认定，在其所指向的范围内就具有了约束作用，在这一范围内无论是集体还是个人都必须按计划的内容开展工作和活动，不得违背和拖延。

【范例参考】
××市市政和园林局2018年宣传思想工作计划

机关各处室、各基层单位：

为进一步促进党员干部队伍能力有新提高、作风有新改进、精神面貌有新变化，以饱满热情投身于工作中去，现结合实际，对20××年全局宣传思想工作作出如下计划：

一、指导思想

深入贯彻落实市委十三届五次全会的决策部署，按照全市宣传思想工作会议精神，结合"不忘初心、牢记使命"主题教育活动，深入推进意识形态工作责任制落实，大力加强精神文明建设，培育和践行社会主义核心价值观，以正面宣传、团结鼓劲工作基调，牢牢把握正确政治方向，为全局工作平稳发展提供坚强的思想保证和舆论支持。

二、工作重点

1. 结合"不忘初心、牢记使命"主题教育活动，深入学习宣传贯彻党的十九大精神。要坚持围绕中心、服务大局、突出特色、全员覆盖，以党的十九大精神为根本遵循，广泛深入开展学习教育活动，引导全体党员干部，切实把思想和行动统一到党的十九大精神上来，把力量凝聚到工作实践中。

2. 结合"两学一做"学习教育活动，深入推进意识形态工作责任制落实。认真学习贯彻省、市关于意识形态工作责任制实施办法要求，落实意识形态工作责任清单制度，把意识形态工作纳入单位重点工作计划内容。基层领导班子要严格党支部主体责任的落实，围绕党管意识形态的原则，认真履行"一岗双责"制度，进一步强化政治意识；注重把握不同时期宣传重点，强化交心谈心，及时掌握全体党员干部的思想动态，提高舆论引导水平，牢牢掌握新闻报道主动权。

3. 大力推进精神文明建设，深化社会主义核心价值观。积极开展道德讲堂活动，落实"书记讲堂"制度，引导党员干部树立社会主义核心价值观；积极参与"我评议我推荐身边好人"、"感动人物"等评选推荐活动，大力推荐本单位道德模范，以榜样的力量传递社会正能量，大力弘扬优秀传统文化；全面开展"友善、孝敬、诚信"和职业道德教育等主题教育，将核心价值观学习教育纳入党员干部培训计划；积极创新活动平台，充分利用公益广告牌、大型广场活动等宣传方式，使社会主义核心价值观随处可见、随耳可听，把社会主义核心价值观融入实际、融入生活；要广泛开展争做"政治上有方向、工作上有创新、责任上有担当、文化上有追求"的"四有"干部职工活动，营造积极向上的良好氛围。

4. 加强道德实践，全面提升全国文明城市创建工作水平。以培育和践行社会主义核心价值观为主线，以建设让人民满意的文明城市为目标，认真贯彻落实市创建办《关于制定文明城市创建四大专项整治行动方案的通知》要求，坚持强化问题导向、民生导向，大力加强广大干部职工思想作风和制度建设，牢固树立求真务实、服务为民的理念，形成廉洁勤政、规范高效的工作作风，巩固文明城市群创建成果，为全市文明城市创建工作添光增彩。

5. 积极开展法律法规制度学习，不断增强遵法守法意识。围绕全面落实从严治党要求这一主线，认真学习贯彻落实党风廉政建设工作文件精神，进一步推进反腐倡廉建设，筑牢党员干部的思想道德防线；深入开展行业法规制度的学习和培训，提升广大干部职工的法治意识、法治思维和法治素养，提高依法行政能力，进一步推进全局各项工作的稳步发展。

6. 广泛开展"学习十九大 拥抱新时代"基层主题宣讲活动。按照市委宣传部要求，组织动员政治素养好、理论水平高、宣讲能力强的同志，深入基层一线，到尽可能多的群众中去宣传讲解党的十九大精神。宣讲活动要注重联系实际，注重问题导向，注重解疑释惑，回应干部群众关注关切，把党的十九大精神讲清楚、讲明白，让老百姓听得懂、能领会、可落实。宣讲内容要严格按照中央精神，注意从整体上把握，深入解读内涵、精准把握外延，防止片面性、简单化，确保宣讲基本内容和精神不跑调、不走样。

三、学习安排

全局上下要合理安排时间，统筹好宣传工作和业务工作之间的关系，坚持一手抓业务工作，一手抓政治理论学习；要结合各自实际，积极创新形式，采用个人自学、集中学习、专题辅导、座谈交流等方式组织学习。具体安排如下：

1. 全年组织机关全体人员、基层单位全体党员干部集中学习不少于2次，每月组织机关全体人员集中学习不少于1次，内容为党的十九大精神学习，行业专业知识和警示教育等的学习，全年每名党员干部撰写学习心得体会不少于2篇。

2. 各基层单位根据工作实际，有针对性地制定学习方案，列出专题深入研讨，确保宣传思想工作落到实处，确保学习人员全覆盖、宣讲活动全覆盖，真正达到用十九大精神武装头脑、指导实践、推动工作作为出发点和落脚点的目标要求。

四、有关要求

1. 加强学习宣传的组织领导。各处室、单位要把学习宣传贯彻十九大精神摆上重要议事日程，高度重视、周密安排，抓好落实；党政主要负责人要深入基层，带头开展宣讲活动，积极发挥示范引领作用，迅速兴起学习宣传贯彻党的十九大精神热潮，推动干部职工学习的积极性、主动性。

2. 坚持学以致用、用以促学。要紧密结合单位工作实际，紧密结合党员干部思想实际，坚持学以致用、用以促学；要积极开展网络宣传，用好"两微一端"等新技术新应用，增强网络宣传的实效性和影响力。

3. 建立完善学习宣传考核制度。完善学习宣传的长效机制，做到年度有计划、季度有安排，集中学习有记录、有考勤、有台账，个人学习有笔记、有心得体会，切实保障各项学习任务落到实处。局宣教处每半年将对机关、基层单位的宣传思想工作、学习记录、心得体会等情况进行一次检查和通报。

××市市政和园林局

2018年2月24日

第二节 工作规划

【概念解说】

规划属计划类。它是比较全面、长远的带有战略性的发展计划，是一种宏观的长远计划。

【起草格式】

规划的文体格式由标题、正文和签署三部分构成。

1. 标题

规划的标题包括制发机关、事由和文种类别（规划）"三要素"，且一般不能有省略。标题中的"事由"一项，要写明时限和"规划"的范围，是属于"国民经济发展规划"，还是属于"市政建设发展规划"。一般来讲，规划的时限应是五年，或者十年。一年、两年的"规划"就应改作"计划"。

2. 正文

规划的正文多由现状分析、规划内容、对策措施三部分组成。现状分析部分要简要说明制订规划的依据、目的和总体目标等；规划的内容是正文的主体，要具体设计各方面的指标；对策措施部分是针对第二部分的内容提出的原则、方法。

3. 签署

因标题中已包含制发单位，只需在正文右下方签上制发日期。国家机关制订的大型规划，制发日期多在标题下加括号标示。

【重点说明】

规划和计划相比较，计划显得单纯、具体，完成的时限性较强。规划则属于对一定地区或较大的事业、工作等在若干年内的战略性部署，可以用它来制定发展远景和总目标，以划分实现远景目标的大的阶段与步骤。制订规划的目的是为了统筹全局，增加决策的科学性，也可以通过远景蓝图的描绘，鼓舞士气，激发人们的积极性。

【范例参考】

××公司2017年工作规划

今后五年，××公司将按照"十三五"规划的部署要求，抢抓机遇，开拓创新，加快转型发展。

（一）明确定位，推动转型发展

2017年，将是××公司转型发展的关键之年。面对新形势、新机遇，将主要从实体化经营、规范化建设、市场化运作、多元化发展四个方向推动公司转型发展。

1. **实体化经营**：开展实体收益性经营。一方面，政府投资的经营性、有现金流、有收益的项目，由建投公司负责投资、融资、建设、运营，做大做强建投公司，提高公司盈利能力和融资能力；另一方面，政府投资的非经营性项目，由政府或项目主管部门作为采购主体，向××公司购买服务，由××公司负责项目的融资建设。市财政按照政府委托或项目主管部门与建投公司签订《政府购买服务协议》，支付建投公司政府购买服务费，建投公司偿还本息。

2. **规范化建设**：建立现代企业管理制度。对公司未来发展进行战略性规划；完善公司组织结构和部门职能；完善公司内部管理制度和流程；制定公司薪酬体系和绩效考核体系；聘任专业化人才，提升公司业务水平。

3. **市场化运作**：作为市场化的运作主体自主经营。按照市场运作模式参与我市旧城改造、区域发展、土地开发等，公司开展的融资、运营、内部管理等遵循市场化的运行规则。

4. **多元化发展**：发展多元化业务板块。投资、金融、房地产、旅游业等业务多元发展，打造具有核心竞争力的优势业务板块，将建投公司打造成为规模化、产业化、多元化的集团公司。

（二）拓展融资渠道，保障建设资金

为圆满完成年度融资任务，2017年，我公司将继续创新融资模式，拓宽融资渠道，采取以子公司作为融资主体，总公司担保方式融资；设立基础设施产业投资基金筹集城市建设资金；采用资产证券化等方式多渠道筹集城市建设资金，扩大融资规模，2017年计划融资50亿元。

（三）启动投资引擎，激发公司新活力

1. **梧桐树众创空间**：2017年，将推进"大众创业、万众创新"。打造包含"投资中心、众创学院、创新孵化器、产业加速器"等功能，以"孵化+基地"、"投资+基金"为模式，同时结合招商、路演、众筹等功能打造全国首家O2O方式运营的众创空间。为企业提供创新金融服务、提升产业科技含量、打造互联网+人才培养基地，在我市培育创新创业主体，创新普惠金融，厚植创新文化。

2. **橙功项目**：2017年首先启动铝材行业，先从线下开始，争取年初项目线下运作通顺，着手线上平台。通过形成完整产业链，实现多个产业的升级和增值发展，建立产业知名名牌，部分发展迅速的产业独立IPO，力促产业产品精准对接国际市场。

××公司总裁办
××××年×月×日

第三节
工作要点

【概念解说】

工作要点是以简明的文字，扼要地反映某一单位一定时期内的工作、计划的"要点"时所使用的公文。

【起草格式】

1. 标题

没有文头的，其标题多由"制发单位""适用时间"和"工作要点"这三个部分组成，如《××市××局××年工作要点》。

2. 主送单位

工作要点是机关工作主要之点，多为机关内部使用的普发性公文。因此，这类公文一般不写受文单位。

3. 正文

有的工作要点有前言部分，有的则没有。有前言部分的要写明制定的目的、依据、方针或指导思想、任务要求等。文字多少视具体情况而定，一般点到即可，不展开阐述。然后逐一列出要点之概括。这部分内容只讲为什么做、做什么事项，有的仅谈做什么事项。讲述时提纲挈领，前后一般不需过渡或照应，层次段落可以跳跃，思路结构上允许有较大的跨度。

如果标题中没有显示工作要点的制定单位，标题下面也没标明制定的日期，则正文的右下方要写明制定单位和制定日期。

【重点说明】

1. 工作要点的特点

工作要点属于粗线条计划，它除了具有计划的某些特点，还有以下几个方面的特点值得注意：

（1）内容集中，具有针对性

工作要点要集中反映工作计划中最重要的部分，精练、概括，简明扼要，针对性强。

（2）行文灵活，约束性不强

工作要点可根据实际需要增删取舍，灵活变换。层次之间可以跳跃，思路允许有跨度，格式不求十分完备。

（3）时间上有模糊性

2. 工作要点的时限要求

对于这一点不十分具体，因此显得模糊、抽象，多为罗列工作之内容要点，而不详讲什么时间、各个阶段干什么。

3. 工作要点写作中应注意的问题

（1）紧扣特征

行文一定要扣紧要点之特征，并注意"计划"和"工作要点"之间的区别，不要把"要点"写成"计划"，也不能把"计划"写成"要点"。

（2）文字要求简洁

工作要点内容要集中，有具体针对性，文字也要简洁，无须修饰，也不要展开，以求内容和形式的一致。

4. 工作要点的使用范围

凡对一定时期的工作择其要者列出，以便使工作有计划、有步骤地进行，机关、单位，都可以使用这个文种。

5. 工作要点的种类

第一，按性质分，有学习活动安排要点，工作活动安排要点等。

第二，按范围分，有部门制定的工作要点，有单位制定的工作要点，有车间班组制定的要点等。

第三，按时期分，有周工作要点，季工作要点等。

【范例参考】
教育部 2018 年工作要点

2018年教育工作总体要求：全面贯彻党的十九大精神，以习近平新时代中国特色社会主义思想为指导，紧紧围绕统筹推进"五位一体"总体布局和协调推进"四个全面"战略布局，坚持稳中求进总基调，按照高质量发展根本要求，贯彻党的教育方针，以实施"奋进之笔"为总抓手，推进教育优先发展，落实立德树人根本任务，深化教育改革，推进教育公平，发展素质教育，加快教育现代化，努力培养德智体美全面发展的社会主义建设者和接班人，培养担当民族复兴大任的时代新人。

一、深入学习贯彻习近平新时代中国特色社会主义思想和党的十九大精神，坚决维护党中央权威和集中统一领导

1. **持续推进学习宣传。** 将持续深入学习习近平新时代中国特色社会主义思想和党的十九大精神作为首要政治任务，切实做到学懂弄通做实。编写"新时代系列"通俗理论读物。实施习近平新时代中国特色社会主义思想大学习领航计划。建设学习贯彻党的十九大精神"万个示范课堂"。召开全国大学生学习习近平新时代中国特色社会主义思想成果展示交流大会。组织开展教育系统"爱国·奋斗"精神教育。深入开展宣讲对谈活动，做到班班讲、人人懂，实现师生全覆盖。组织"习近平教育思想学悟行""学习进行时""行动进行时"系列宣传。深入开展以"牢记时代使命，书写人生华章"为主题的党、团日活动，以"重走改革开放路，砥砺爱国奋斗情"为主题的社会实践活动，以"传播正能量，弘扬主旋律"为主题的网络教育活动，以"凝聚青春力量，闪耀青春光彩"为主题的典型人物宣传活动。

2. 扎实组织培训。 研制教育系统干部培训规划，推动全体干部师生开展多形式、全覆盖学习培训。开展高校思政课教师学习贯彻习近平新时代中国特色社会主义思想专题轮训。组织 2 万名高校教师党支部书记、2 万名大学生党员参加学习贯彻党的十九大精神专题网络培训，组织 1 万名高校辅导员、1 万名青年学生骨干参加网络示范培训，组织 5000 名高校思想政治工作骨干参加国家示范培训。

3. 深入研究阐释。 抓好教育系统习近平新时代中国特色社会主义思想研究中心（院）建设。开展习近平新时代中国特色社会主义思想系统化学理化学科化研究阐释，组织专项课题攻关，设立高校主题出版项目。出版《习近平教育思想》，组织编写《习近平教育思想讲义》《习近平教育思想学习辅导读本》《习近平总书记论学校思想政治教育读本》《平易近人——习近平的语言力量（教育卷）》。支持高校在马克思主义理论、教育学等一级学科中设立习近平教育思想研究方向，招收相关方向研究生。

4. 大抓调研狠抓落实。 印发教育部党组在教育战线大兴调查研究之风的意见和 2018 年度调查研究工作方案，坚持问题导向，针对当前教育领域中央关心、群众关切、社会关注的热点难点问题，明确调研重点和任务。印发教育部党组关于加强落实工作的意见，明确层层抓落实责任，健全落实工作机制，确保"奋进之笔"出成果、见实效。大力改进工作方式，增强工作本领，提高工作效率，强化工作合力，以实施"奋进之笔"推动教育改革发展有效跃升。

二、加强和改进党对教育工作的领导，推动全面从严治党向纵深发展（略）

三、深化教育体制机制改革，充分激发教育发展活力

1. 加强教育改革统筹谋划。 筹备召开全国教育大会。出台中国教育现代化 2035，研制监测评价指标体系。推动落实《关于深化教育体制机制改革的意见》。加强教育改革督察，确保中央部署的重大改革任务落地落实。探索建设一批新时代中国特色社会主义标杆大学，发挥排头兵、领头雁作用。印发2018年教育重点工作指南，加强对地方和部属高校推进教育改革工作的指导。做好国家教育咨询委员会、国家教育考试指导委员会换届工作。

2. 深化"放管服"改革。 持续抓好《教育部等五部门关于深化高等教育领域简政放权放管结合优化服务改革的若干意见》贯彻落实。进一步规范教育行政审批，开展规范性文件清理。研制规范学位授予单位开展学位授权自主审核工作的意见。推进高校分类管理，研制高校分类设置标准，探索对省级政府新批准设置专科学校备案抽查。加强和改进科研项目和教育部重点人文社科基地管理。推进教育标准化工作。成立国家教育统计专家指导委员会，实施教育统计数据质量提升计划。加快推进教育政务信息系统整合共享，提高教育政务服务水平。

3. 积极稳妥推进考试招生制度改革。 指导上海、浙江落实高考综合改革试点完善方案。指导北京、天津、山东、海南等第二批试点省份制订出台高考综合改革试点方案。指导有关省份加强基础条件建设，积极稳妥启动高考综合改革。发布《普通高校本科招生专业选考科目要求指引（试行）》，指导高校在高考综合改革试点省份优化选考科目要求。深入推进中考改革，建立地方中考改革动态跟踪机制。推进外语能力测评体系建设。

4. 全面推进依法治教。 推动《学前教育法》《职业教育法》《学位条例》等法律起草修订，完成《学校集中用餐食品安全管理规定》《学校未成年学生保护规定》等规章起草，组织开展国家教育考试、学校安全、终身学习等立法研究。开展教育立法后评估试点。出台《关于加强教育行政执法体制机制改革的意见》，明确执法程序和要求。召开全国教育法治工作会议。出台《关于加强高校法治工作的意见》，制订依法治校评价体系和考核办法，启动依法治校示范校创建活动。探索设立全面依法治教实践区。继续办好全国学生"学宪法讲宪法"和国家宪法日主题教育活动，推动各地建设青少年法治教育实践基地。

5. 支持和规范社会力量兴办教育。 召开全国民办教育工作会议，加快修订《民办教育促进法实施条例》。加大对各地配套政策督察力度，推进现有民办学校平稳有序分类。建设民办教育管理信息系统。出台促进中小学社会培训机构规范发展的指导意见，联合有关部门集中开展专项治理与督查，推动解决中小学生课外负担重问题。

6. 强化教育督导。 启动对省级人民政府履行教育职责评价。实施中西部教育发展工作督导评估监测。提升中小学校责任督学挂牌督导工作水平，做好第三批全国中小学校责任督学挂牌督导创新县（市、区）认定工作。继续开展义务教育发展基本均衡县（市、区）督导评估认定，启动全国义务教育发展优质均衡县（市、区）督导评估认定。全面改善贫困地区义务教育薄弱学校基本办学条件，确保2018年底校舍建设和设备采购任务"过九成"。鼓励和支持地方进一步扩大农村义务教育学生营养改善计划实施范围。将中小学生欺凌防治工作纳入责任督学挂牌督导。

7. 构建教育对外开放新格局。 贯彻落实《关于做好新时期教育对外开放的若干意见》。继续实施"一带一路"教育行动，与节点省份签署共建国际合作备忘录，实现全覆盖。发挥中国政府奖学金引领作用，实施"丝绸之路"留学、师资培训、人才联合培养等推进计划。继续扩大与"一带一路"沿线国家签署学位学历互认协议国别范围。落实《关于加强和改进中外人文交流工作的若干意见》，实施好中外人文交流机制。深化国别和区域研究。研究修订《中外合作办学条例》及实施办法。研制鼓励和规范高等学校境外办学工作的意见。加强国家公派留学工作，加大拔尖创新高层次人才、国际组织人才、国别和区域研究人才等的选派和培养力度，做好留学生回国服务和为国服务工作。出台来华留学教育质量标准，加强来华留学质量保障机制建设。继续实施"鲁班工坊""中非20+20""丝路1+1""友好使者"等特色项目。推动内地与港澳台教育交流合作深度发展。加强双边、多边教育交流合作，继续实施"中国—东盟教育交流周"等活动。进一步做好联合国教科文组织有关工作，深度参与全球教育治理。发布实施《孔子学院发展行动计划》。

四、落实立德树人根本任务，大力发展素质教育（略）

五、大力促进教育公平，完善公共教育服务体系（略）

六、着力提升质量，扎实推进教育内涵式发展（略）

七、全面加强教师队伍建设，培养高素质教师队伍（略）

八、进一步提高保障能力，夯实教育可持续发展基础（略）

第四节
演讲词

【概念解说】

演讲词是在会议或集会期间用于讲话或演说的预先拟制的文字底稿。它的运行不像其他文种那样终结于送达或张贴过程的结束，而是终结于讲话或演说过程的结束。此外，其所体现的媒介的声音性（靠有声语言向受众传递信息）、反馈的直接性、特定的对象性以及适度的情感性等特点，也使之与其他诸多公务应用文明显区别开来。

演讲词是一个较为庞大的文书组群，它包括在各种公务活动中使用的欢迎词、欢送词、祝酒词、贺词、悼词、祝寿词、演说词以及会议的开幕词、闭幕词等，其中尤以会议的开幕词、闭幕词、演说词等最为常用，也最具有代表性。

演讲按不同的分类标准，可以分成很多种类型，譬如领导人演讲、竞赛性演讲、论辩性演讲、竞选演讲、就职演说等。我们从内容性质的不同，把演讲分为以下几种类型：

1. 政治鼓舞类

指政治家或代表某一权力机构的要员阐述政治主张和见解的演讲。各级领导的施政演说，新当选的领导人的就职演说，政治家的竞选演说等，都属于这一类型。著名的范例有《林肯在葛底斯堡的演讲》《丘吉尔在美国圣诞节的即兴演讲》以及马丁·路德·金的《我有一个梦》等。

2. 学术交流类

学术演讲是传播、交流科学知识、学术见解及研究成果的演讲文稿。随着科学事业的发展,"四化"建设的需要,国内外学术交流活动的日益增多,学术演讲或学术报告的活动也越来越多。不仅专业科学技术工作者要参加各种各样的学术活动,进行学术演讲,一些机关、企事业单位的领导也要经常参加学术类的活动,也要成为科学技术方面的内行。因此,学术演讲具有广阔的应用范围。

3. 思想教育类

思想教育类的演讲是针对现实生活中人们的思想动态、思想倾向和思想问题,以真切的事实、有力的论证、充盈的感情来讴歌真、善、美,鞭挞假、恶、丑,引导听众树立正确的人生观、世界观,激励听众为崇高的理想、事业而奋斗。这类演讲适用于演讲比赛、主题演讲会、巡回报告等。

【起草格式】

1. 标题

主要有三种写法:

一是点明中心的标题。如习近平总书记在参观《复兴之路》展览时的讲话《中国梦,复兴路》,在中央党校县委书记研修班学员座谈会上的讲话《做焦裕禄式的县委书记》,这两个标题都十分鲜明地点明了这篇讲话的中心内容。

二是直接使用××同志讲话的标题。它是由讲话人的姓名、会议名称及"讲话"组成,如《习近平在十八届中央政治局第十六次集体学习时的讲话》《李克强在国务院第四次廉政工作会议上的讲话(2016年3月28日)》等。

三是揭示主旨的标题。出自毛泽东同志之手的许多演讲词,其标题都紧扣中心,表明主旨,而且有的还使用"比喻""设问""引用"等修辞手法,既形象生动又精巧别致。如毛泽东同志在党的七大上所作的闭幕词——《愚公移山》，就是引用寓言故事而成，使人一听一看就把握了全文的中心，耳目为之一新。毛泽东同志于 1949 年 9 月 21 日在中国人民政治协商会议第一届全体会议上所作的开幕词——《中国人民站起来了》，这非常简短的 8 个字，既形象生动又含意深远，特别是一个"站"字精彩无比，发人深省，它表明中国人民饱受欺压、剥削的时代已经一去不复返，长期压在中国人民头上的"三座大山"已被搬掉，中国人民开始昂首挺胸、扬眉吐气，一个巨人在 960 万平方公里的大地上站起来了。

2. 开头

演讲的开头，也叫开场白，它犹如戏剧开头的"镇场"，在全篇中占据重要的地位。开头的方式主要有如下几种：

（1）开门见山，亮出主旨

这种演讲开头不绕弯子，直奔主题，开宗明义地提出自己的观点。

（2）叙述事实，交代背景

开头向听众报告一些新发生的事实，比较容易引起人们的注意，吸引听众倾听。

（3）提出问题，发人深思

通过提问，引导听众思考一个问题，并由此制造一个悬念，引起听众欲知答案的期待。

（4）引用警句，引出下文

引用内涵深刻、发人深省的警句，引出下面的内容来。如一个大学生的演讲词，标题叫《我的思考与奋起》，开头就很精彩："一个人如果一辈子都不曾混乱过，那么他从来就没有思考过。"

开头的方法还有一些，不再一一列举。总之，无论采用什么形式的开头，都要做到先声夺人，富于吸引力。

3. 主体

演讲词的主体，要层层展开，步步推向高潮。所谓高潮，即演讲中最精彩、最激动人心的段落。在主体部分的行文上，要在理论上一步步说服听众，在内容上一步步吸引听众，在感情上一步步感染听众。要精心安排结构层次，层层深入，环环相扣，水到渠成地推向高潮。主体部分展开的方式有以下三种：

（1）并列式

并列式就是围绕演讲稿的中心论点，从不同角度、不同侧面进行表现，其结构形态呈放射状四面展开，宛若车轮之轴与其辐条。而每一侧面都直接面向中心论点，证明中心论点。

（2）递进式

递进式即从表面、浅层入手，采取步步深入、层层推进的方法，最终揭示深刻的主题，犹如层层剥笋。用这种方法来安排演讲稿的结构层次，能使事物得到由表及里的深入阐述和证明。

（3）并列递进结合式

这种并列递进结合式结构，或是在并列中包含递进，或是在递进中包含并列。一些纵横捭阖、气势雄伟的演讲词常采用这种方式。

4. 结尾

演讲词的结尾，是主体内容发展的必然结果。结尾或归纳，或升华，或希望，或号召，方式很多。好的结尾应收拢全篇，卒章显志，干脆利落，简洁有力。切忌画蛇添足，节外生枝。

【范例参考】

范例 1：

朱镕基在上海市九届人大一次会议上的讲话

1988 年 4 月 25 日

同志们：

根据大会的安排，现在我向大家做一个自我介绍，也许要超过大会规定的时间，因为如果我不讲的话，也许过不了这个关，一会儿还得提问题，还不如我主动"交代"为好。

第一，我的简历。我参加革命的时间比较晚，经历比较简单。我1928年10月出生于长沙，中学都是在湖南省念的，1947年毕业于湖南省立一中，同年在上海考取清华大学，念电机系。入大学后就参加了学生运动，1948年冬天参加中共地下党领导的中国新民主主义青年联盟，1949年加入中国共产党。1951年从清华大学毕业分配到东北人民政府工业部计划处，担任生产计划室副主任。当时的计划处处长先是柴树藩同志，后是袁宝华同志。1952年东北人民政府撤销后，我随马洪、安志文等同志到了国家计委，这时是1952年11月。在国家计委一开始是管电，1954年到工业综合局负责综合处工作，之后我担任国家计委副主任张玺同志的秘书。后来由于张玺同志患癌症，我同时就兼任了国家计委机械工业计划局综合处负责人，直到1957年，赶上了"大鸣大放"、反右派。在"大鸣大放"的时候，同志们说，你是党组领导的秘书，你不跟党组提意见那谁提啊？一定要我提。我就在局里面讲了3分钟，但出言不慎。在10月份以前大家都觉得我的意见提得不错，到10月份以后就说你这个意见要重新考虑，到1958年1月就把我划为右派了。但是对我的处理还是非常宽的，我想是因为国家计委的领导和同志们对我都十分了解吧。因此，我被撤销副处长职务、行政降两级、开除党籍之后，还继续留在国家计委工作。在开始的一两年，我担任国家计委老干部的业余教员，教数理化，后来恢复我的工作，在国家计委国民经济综合局工业处工作。我非常感谢国家计委党组织对我的关怀，始终没有把我下放，使我有继续为党工作的机会。"文化大革命"时期，我在国家计委农场劳动了五年，这五年对我是极大的教育。尽管我们还是国家计委的干部，在一个集体农场，但终究是在农村，所以对农村的了解、对劳动的体会还是不少的。这五年，我什么都干过，种过小麦、水稻、棉花，放过牛、放过羊、养过猪，当过炊事员。1975年后，我回到了北京，当时我的关系还在国家计委，但被分配到石化部管道局电力通信工程公司工作。我就带了一支徒工队伍，从爬电线杆开始培训，一直到能安装22万伏的高压线和11万伏的变电站。这一段有两年多一点的时间，对我也是极大的教育，使我有一点基层工作的经验。到1978年，马洪同志要我到中国社会科学院工业经济研究所担任研究室主任。不久，在党的十一届三中全会前夕，纠正了错划我右派的问题，同时恢复了我的党籍，恢复了我的职务。这个时候是袁宝华同志担任国家经委副主任，康世恩同志担任主任，要我回国家经委，因为国家经委实际上是从国家计委分出去的。1982年新的国家经委成立后，我开始担任经委委员兼技术改造局局长，1983年担任经委副主任，1985年担任党组副书记、常务副主任，一直到今年年初，就到上海来了。这就是我简单的经历。

第二，同志们要求我说说政绩。这个是难以启齿，不好说啊！当然，在我30多年的工作期间，尽管在1957年以后遭受很多挫折，但在工作方面组织上对我的评价还是不错的。我自己的特点、我的信条就是独立思考，我心里是怎么想的，我认为就应该怎么讲。我是一个孤儿，我的父母很早就死了，我没有见过我的父亲，我也没有兄弟姐妹。我1947年找到了党，觉得党就是我的母亲，我是全心全意地把党当作我的母亲的。所以我讲什么话都没有顾忌，只要是认为有利于党的事情我就要讲，即使错误地处理了我，我也不计较。党的十一届三中全会前夕恢复了我的政治生命，同时也可以说是焕发了我的政治青春，我始终相信我会得到我们党的正确对待。我就是有这么一个特点，或者说我是力求这么做的。

第三，自我评价。我觉得作为上海市市长我不是最佳人选，我有很多缺点，在很多方面比我的几位前任，特别是比江泽民同志差得很远。我讲三条：

第一条，我只有领导机关的工作经验，没有基层工作的经验。刚才讲了我25年在国家计委、10年在国家经委工作，基层工作经验就是在管道局很短的一段时间，既没有当过厂长，也没有当过区县的领导。江泽民同志很早就当厂长，而且是大厂的厂长。我也不是从农村基层上来的，对人民的疾苦了解不多。这是我很大的一个弱点，今后恐怕在这些方面还要犯一些决策的错误。

第二条，我只有中央工作的经验，没有地方工作的经验。我没有在地方工作过，一直坐在北京，所以到上海来了后，这三个月的白头发比什么时候都多。江泽民同志预言一年之内我的头发全部变白，这是他的体会，我已经感受到了。工作确实是复杂，确实是难做，所以江泽民同志经常讲他的神经处于紧张状态，我现在也体会到了。

第三条，我性情很急躁，缺乏领导者的涵养，干工作急于求成，对下面干部要求过急、批评过严。这一点我应该向江泽民同志好好学习。宋平同志在我来上海工作之前和我谈话，他说你要求干部严格不是你的缺点，但是你批评人家的时候不要伤人，说话不要太尖刻。这些都是语重心长的话。说到我的缺点时，他说你应该学习周总理，批评同志后让人感到你应该批评，觉得是你对人家的关心。我确实是缺少领导者这样的一种品质，但我希望同志们监督我改正。说老实话，江山易改，禀性难移啊，不是很容易的，但是我一定要很好地改正自己的缺点。

范例 2：

寒门贵子

演讲时间：2014 年 07 月 11 日

——《超级演说家第二季》第十五期刘媛媛演讲稿（总决赛第一轮）

在这个演讲开始之前，我先问问现场的大家一个问题，你们当中有谁觉得自己是家境普通，甚至出身贫寒，将来想要出人头地只能靠自己？你们当中又有谁觉得自己是有钱人家的小孩儿，起码在奋斗的时候可以从父母那里得到一点助力？

前些日子，有一个在银行工作了十年的 HR（人力资源管理师），他在网络上发了一篇帖子，叫作《寒门再难出贵子》。意思是说在当下，我们这个社会里面，寒门的小孩儿他想要出人头地，想要成功，比我们父辈的那一代更难了。这个帖子引起了特别广泛的讨论，你们觉得这句话有道理吗？

先拿我自己说，我们家就是出身寒门的，我们家都不算寒门，我们家都没有门。我现在想想我都不知道，当初我爸跟我妈那么普通的农村夫妇，他是怎么样把三个孩子，我跟我两个哥，从农村供出来上大学，上研究生。我一直都觉得自己特别幸运，我爸跟我妈都没怎么读过书，我妈连小学一年级都没上过，她居然觉得读书很重要，她吃再多的苦，也要让我们三个孩子上大学。

我一直也不会拿自己跟那些，比如家庭富裕的小孩儿去做计较，我们之间会有什么不同，或者有什么不平等，但是我们必须要承认这个世界是有一些不平等的，他们有很多优越的条件，我们都没有，他们有很多的捷径我们也没有，可是我们不能抱怨，每一个人的人生都是不尽相同的，有些人出生就含着金钥匙，有些人出生连爸妈都没有。

人生和人生是没有可比性的，我们的人生是怎么样，完全取决于自己的感受，你一辈子都在感受抱怨，那你的一生就是抱怨的一生，你一辈子都在感受感动，那你的一生就是感动的一生，你一辈子都立志于改变这个社会，那你的一生就是一个斗士的一生。

英国有一部纪录片，叫作《人生七年》，片中访问了十二个来自不同阶层的七岁小孩儿，每七年再去重新访问这些小孩儿，到了影片的最后就发现，富人的孩子还是富人，穷人的孩子还是穷人，但是里面有一个叫尼克的贫穷的小孩儿，他到最后通过自己的奋斗变成了一名大学教授，可见命运的手掌里面是有漏网之鱼的。而且，现实生活中寒门子弟逆袭的例子更是数不胜数。

所以，当我们遭受失败的时候，我们不能把所有的原因都归结到出生上去，更不能抱怨自己的父母为什么不如别人的父母，因为家境不好，并没有斩断一个人他成功的所有的可能。

当我在人生中遇到很大困难的时候，我就会在北京的大街上走一走，看着人来人往，而那时候我就想：刘媛媛，你在这个城市里面真的是一无所依，你有的只是你自己，你什么都没有，你现在能做的就是单枪匹马的，在这个社会上杀出一条路来。

这段演讲到现在已经是最后一次了，其实在刚刚我问的时候就发现了，我们大部分人都不是出身豪门的，我们都要靠自己，所以你要相信，命运给你一个比别人低的起点，是想告诉你，让你用你的一生去奋斗出一个绝地反击的故事。

这个故事关于独立，关于梦想，关于勇气，关于坚忍，它不是一个水到渠成的童话，没有一点人间疾苦；这个故事是有志者事竟成，破釜沉舟，百二秦关终属楚；这个故事是苦心人天不负，卧薪尝胆，三千越甲可吞吴。

谢谢大家!

范例3：

在美国度圣诞节的即兴演讲

丘吉尔

（××××年十二月二十四日）

各位为自由而奋斗的劳动者和将士：

我的朋友，伟大而卓越的罗斯福总统，刚才已经发表过圣诞前夕的演说，已经向全美国的家庭致友爱的献词。我现在能追随骥尾讲几句话，内心感到无限的荣幸。

我今天虽然远离家庭和祖国，在这里过节，但我一点儿也没有异乡的感觉。我不知道，这是由于本人母亲的血统和你们相同，抑或是由于本人多年来在此地所得的友谊，抑或是由于这两个文字相同、信仰相同、理想相同的国家，在共同奋斗中所产生出来的同志感情，抑或是由于上述三种关系的综合。总之，我在美国的政治中心地——华盛顿过节，完全不感到自己是一个异乡之客。我和各位之间，本来就有手足之情，再加上各位欢迎的盛意，我觉得很应该和各位共坐炉边，同享这圣诞之欢。

但今年的圣诞前夕，却是一个奇异的圣诞前夕。因为整个世界都卷入了一种生死搏斗之中，使用着科学所能设计的恐怖武器来互相屠杀。假若我们不是深信自己对别国领土和财富没有贪图的恶意，没有攫取物资的野心，没有卑鄙的念头，那么我们今年的圣诞节，一定很难过。

战争的狂潮虽然在各地奔腾，使我们心惊肉跳，但在今天，每一个家庭都在宁静的、肃穆的气氛里过节。今天晚上,我们可以暂且把恐惧和忧虑抛开、忘记,而为那些可怜的孩子布置一个快乐的晚会。全世界说英语的家庭,今晚都应该变成光明的和平的小天地,使孩子们尽量享受这个良宵,使他们因为得到父母的恩物而高兴,同时我们自己也能享受这种无牵无挂的乐趣,然后我们担起明年艰苦的任务,以各种代价,使我们孩子所应继承的产业,不致被人剥夺;使他们在文明世界中所应有的自由生活,不致被人破坏。

因此,在上帝庇佑之下,我谨祝各位圣诞快乐。

第五节 总结

【概念解说】

总结，是对规定时限内的某项工作或任务加以回顾、分析、研究，从中找出经验和教训，引出规律的认识，明确今后实践的方向，把这些内容系统化、条理化，形成文字的公文。总结是对实践的认识，总结的过程是由感性认识上升到理性认识的过程。总结应对实践进行全面、深刻和本质的概括。根据不同的分类标准，可将总结分为许多不同的类型。

第一，按范围分，总结可以分为：班组总结、单位总结、行业总结、地区总结等。

第二，按性质分，总结可以分为：工作总结、教学总结、学习总结、科研总结、思想总结、项目总结等。

第三，按时间分，总结可以分为：月份总结、季度总结、半年总结、年度总结、一年以上的时期总结等。

第四，按内容分，总结可以分为综合总结、专题总结等。

【起草格式】

1. 综合总结

综合总结的结构大体由标题、情况概述、工作成绩、存在问题、经验教训、结尾六部分组成。具体写法如下：

(1) 标题

标题是总结的"眉目",要写得简明、确切。一般应由机关或单位名称、适用时间、内容、文种四要素组成,如《××市公安局××年度安全保卫工作总结》。

(2) 情况概述

这部分是综合总结正文的开头,又称导言。它是用简明扼要的语言写明工作的依据(党和国家的方针政策以及上级机关的文件、指示精神等)、指导思想、工作内容概况和工作的收效与成果。为了说明问题,也可引用一些具体数据,以加深人们的印象。在语言表达上,一定要高度概括和浓缩,切不可将篇幅拉得过长。然后,用过渡语"我们的主要做法和体会是""现将有关情况总结如下"等转入主体部分。

(3) 工作成绩

这部分是综合总结写作的重点内容之一。它要详尽、具体地阐述整个工作的进展情况,包括所采取的各种措施、方法、步骤;在工作中遇到了哪些情况和问题,是如何加以解决的;通过工作,取得了哪些成绩,等等。对这些内容,均要明确、完整地做出交代。要着眼于工作的全局,不能顾此失彼。但这绝不等于说要面面俱到,相反,撰写综合总结,对于工作成绩的叙写必须突出重点,绝不能平均用笔墨。所谓重点,无外乎这样三个方面:党和国家现行政策的执行情况和效果;机关或单位领导者在工作中重大决策行动的实际结果;实际工作中突出的成绩,特别是那些属创新性质的成绩。只有将这些重点内容反映出来,才能达到总结的目的,推动工作的深入开展。

在结构安排上,既可按各项工作的内在联系进行阐述,即将不同性质问题归纳分类,然后再按问题安排层次,也可按整个工作的开展进程顺序,将其划为几个阶段,分别阐述,还可将两者结合起来,它往往更适合于综合总结的内容表达要求。究竟采用哪种结构形式,应视具体情况和实际需要确定。

（4）存在问题

这部分是综合总结写作不可或缺的内容。因为任何机关或单位的工作不可能尽善尽美，它总是要受到主客观条件的限制而使某项工作或某一方面工作存在缺点。因此，撰写时必须实事求是，如实写明。存在问题正是今后工作的努力方向之所在。要将工作中还有哪些实际困难等内容交代清楚。这样，今后的工作就会目标明确，有的放矢。实践表明，对存在问题采取回避态度是极其有害的，不是马克思主义的态度，也不符合综合总结文种的写作要求。不过，这部分文字不宜过多，要简洁概括，以免冲淡主旨。

（5）经验教训

这部分是综合总结写作的又一重点内容。它是认识的深入，思想的升华。要将上述主要成绩和存在问题进行综合归纳，并上升到理论的高度，从中探求能够反映事物本质的具有规律性的经验教训，以供今后工作中借鉴和吸取。撰写时要着重总结取得成绩和存在问题的主客观方面原因，并对其进行扼要分析，将其分别归结为几条，加以理顺。要特别注意讲求普遍性和指导性，亦即所总结出来的经验教训必须能对各机关或单位的工作具有普遍的指导意义，使之从中真正有所启示，有所借鉴。绝不能就事论事，或者失之笼统抽象。还要讲究个性，反映出特色，亦即一定要抓住本机关或本单位的特殊矛盾。绝不能照搬套用其他机关或单位的经验，也要避免与本身以往的经验和教训雷同，即要尽可能地写出新意，让人阅后真正有所收获。因为综合总结应用较广，机关或单位每年甚至半年就要搞一次，如果前后相差无几，就不会给人以新鲜感，也不会对工作产生进一步的指导作用，相反，它却是该机关或单位工作裹足不前、毫无起色的一种表现。因此，公文写作人员必须潜心研究，努力将这部分内容写好。

（6）结尾

综合总结的结尾较为简单，要载明总结写作的时间并盖单位公章。时间要写公元年月日全称，用汉字数字书写。有的综合总结往往还省略结尾，以归简易。

2. 专题总结

专题总结的撰写模式比综合总结有所简化，因其侧重总结经验，故通常由标题、情况概述、经验和体会、结尾四部分构成，分述如下：

（1）标题

专题总结的标题，其构成方式主要有三种：一是完整式标题，如《中共××县委关于开展党员评议工作的总结》；二是省略式标题，如《关于全市"二五"普法工作的总结》；三是文章式标题，此种标题最为常见，它一般用简明扼要的语句，将总结内容加以概括，如《从落实责任制入手加强企业管理工作》。

（2）情况概述

这部分是专题总结写作的画龙点睛之笔，要写得简约、概括。要用扼要文字对通篇所要反映的内容进行阐述，突出主要的工作成绩，让人阅文伊始即领略到内容不同凡响，并产生急欲一读、通览全篇的强烈愿望。

（3）经验和体会

这部分是专题总结写作的重心。它要准确、具体、有序地将工作过程以及取得的成绩、经验和体会进行综合阐述，使全文的结论得到证实。这种写法和综合总结有所不同，即它不是明显地分为成绩、问题、经验教训等几部分进行阐述，而是将经验和体会居于突出地位，成绩和做法则融于其中，"问题"部分亦予简略。从结构形式上讲，专题总结实质是采用因果倒置的方式，也可称为总分式，即"情况概述"这部分是"总"，是"果"；"经验和体会"部分则是"分"，是"因"。它要从理论的高度加以总括和提炼，说明取得成绩的基本原则，是"情况概述"部分的具体化。撰写时既可采用分部分写法，也可采用分条标项或分列小标题的写法。要注意处理好各部分（项）内容之间的逻辑关系，不要相互冲突。同时，对每一内容的阐述，必须做到充分、具体，既有理论说明，也要有事实阐述，并且要善于运用数字或人物言论加以佐证，以增强说服力。

（4）结尾

专题总结的结尾与综合总结相同。但省略结尾的情况更为多见。

【范例参考】

范例1：

××厅办公室2017年工作总结

2017年，在厅领导班子的正确领导和分管厅领导的直接带领下，厅办公室围绕中心工作，建章立制，强化服务，加强管理，扎实开展各项工作，取得了一定成效。

一、推进工作模块化制度化，精心服务重大会议活动

积极推行模块化管理，制定完成《业务工作操作手册》，并通过重大会议活动的模块化运行实践，检验工作成效，切实提升模块化管理的实际指导力。制定工作沟通协商制度、工作纠错制度、业务分析会制度等六项工作制度，设置"错情记录本"，努力减少工作失误，提高工作质量。及时制定实施《办公室提升超前谋划和统筹协调能力工作方案》，建立完善与其他部门办公室的协调协商协作机制及信息沟通机制，进一步加强纵横沟通、上下联系，提升服务的主动性和前瞻性。一年来，圆满完成了20多次重要会议和重要活动的服务保障工作。优异的工作表现，得到了上级领导的充分认可。

二、突出服务协调，切实履行厅办公室抓落实基本职能

强化服务意识，积极履行厅办公室职能，坚持内外统筹、左右兼顾、动静结合，不断提高厅务服务水平。一是加强统筹协调服务能力。切实履行厅办公室抓落实基本职能，积极作为，针对厅内事务抓落实的短板，牵头起草厅《内部工作事项督查办法（试行）》，创新开展厅内督查工作，积极谋划和推动厅内各项工作落到实处。二是加强厅内会议活动的服务能力。坚持每月初编发主要工作预安排，每周编发厅领导一周主要活动安排。

认真做好全厅调研课题、到基层调研等计划统筹和组织服务工作。一年来，协调服务厅领导出席各类活动××人次，完成服务厅办公会议、厅务会议、全厅干部职工大会××次。三是加强厅务综合文稿的服务能力。全年共起草讲话稿、主持词、会议纪要、经验介绍材料等各类文稿篇约××万字。四是加强厅内日常工作的服务能力。一年来，进一步规范厅机关公文办理和公文流转，办理厅、处室文件××件，协助各处室局流转公文××件次。坚持每月编发一期厅《工作简报》。认真管好印章，共加盖印章××次。制定并严格执行《各处室局印章使用管理规定》，为各处室局对外行文××次。认真履行厅保密办职能，组织完成××多名涉密人员的保密审查、定密工作，完成厅2017年涉密人员保密教育培训工作。规范档案工作，做到会议结束后一周内完善档案资料。

三、突出作风建设，努力打造过硬队伍

以推进"两学一做"学习教育常态化制度化为契机，以"提素质、强管理、树形象"活动为抓手，着力强化全处干部的大局意识、看齐意识、品牌意识、服务意识、担当意识。认真开展"三学两强"月活动，以工作成果检阅学习成效。落实谈心谈话制度，打造团结、和谐、奋进的处室文化。坚持处领导率先垂范，集体加班时处领导带头坚守岗位。建立工作日轮值制度，强化窗口意识，提升服务水平。强化工作的相互参与和实践锻炼，努力使每个同志都成为掌握厅务会务文稿等业务的"多面手"。扎实开展业务学习，通过处领导传授、业务骨干主讲、处内专题讨论、具体案例分析等形式，结合工作有针对性地强化现场教学，提高大家参与的积极性，确保学习有效。截至目前，共开设了××期业务讲堂，分别讲授了综合文稿写作、业务工作模块化管理等内容。

总的看，一年来我处工作有重点、有特点、有亮点，取得了一定成绩，但对照厅里的要求还存在不小差距。主要表现在：一是学习不够系统深入。存在以干代学现象，特别是学习的自觉性上有待提高。二是创新办法不多，服务重大会议活动时协调工作不够大胆，担当意识不够。三是对厅内事务

的统筹和督促不够，厅务服务仍有较大提升空间，一些工作还需进一步科学规范，等等。

2017年，我们将继续深入学习贯彻党的十九大精神，以更加奋发有为的姿态着力抓好工作落实。坚持问题导向，补齐短板不足。在深入总结"强服务、提素质、树形象"活动经验成效的基础上，推动办公室各项工作的质量和水平持续提升。更加突出服务的主动性、前瞻性，在做好会前早谋划、会中细服务、会后善总结上下功夫，不断提升服务重大会议活动工作的规范化、精细化、专业化水平。

范例2：

难忘的思想之旅　永恒的历史记忆
——赴××厅武汉大学综合素质能力培训班学习总结

2018年5月22—29日期间，在厅领导和处领导的关心下，我有幸参加了××厅武汉大学综合素质能力培训班，感觉收获良多、不虚此行。湖北的厚重文化底蕴和武汉的跨越发展战略让我体验到了"惟楚有才于斯为盛"这句话的分量，武昌首义的波澜壮阔和仁人志士的慷慨悲歌让我几度落泪，珞珈山上的民国建筑和樱花树让我重回抗日战争的烽火岁月，授课老师的指点江山让我充分感受了理论之美，同事之间的深入交流让我感受到"每一个有阅历的人都是一部值得阅读的传奇"。虽然培训时间不算很长，但我的思想和心灵仿佛漫步千年时空。这是一次难忘的思想之旅，在回顾历史与直面现实中获得了真知，留下了值得永远回味的美好记忆。现将有关体会和建议汇报如下：

一、几点体会

1. **带着感恩的心去学。** 饮水思源，在享受这思想盛宴的同时，我的心中满怀着对厅领导的感恩之心。正是得益于厅领导以人为本的胸怀、大培训理念和人人机会均等的制度安排，我们才有这个宝贵机会，能在繁忙的工作之余外出学习一周。我的心中也满怀着对带队厅领导的感恩之心，她全程参与，与我们同吃同行同堂听课，以比我们更加纯粹的精神投入学习，通过率先垂范的行动带动了我们的学风。我也感恩人事处的精心策划和周到安排，他们默默无闻地为培训班付出了大量的辛勤劳动。

2. **带着重返校园的喜悦去学。** 从学校毕业了多年，在社会摸爬滚打了多年，又重新返回到课堂，人还是那个人，但心早已不是那颗心了，这颗心变得更加接地气，更加细腻，更加敏感。从机关重返校园，没有了早先的青涩、迷惘和苦闷，而是以从容喜悦的心情去充分感受求知悟道的乐趣。从理论到实践，从实践又回到理论，才真正感受了理论之美、学问之乐，才明白那句话的真正含义："理论是苍白的，而生活之树常青。"这也提醒自己，一定要坚持理论学习与实践相结合，一定要坚持学以致用。

3. **带着教学相长的自信去学。** "尽信书不如无书"。"吾爱吾师，吾更爱真理"。"为人应在有疑处不疑，为学应在不疑处有疑"。学者们做学问讲究的是天马行空、大胆假设，所以也难免有极端偏激、不符合社会实际的情况。作为党员干部，我们有党性坚定、实践经验丰富、见多识广的优势，我们一方面要学习他们的思维方法，另一方面我们又不能跪倒在学者和理论的脚下，而应该带着教学相长的自信，与授课老师平等对话沟通。在听完×××教授关于"加快发展现代服务业，保护优质生态和水源，把××打造成宜居城市，吸引北方高层次人才迁徙进入"的观点后，我在课后与教授进行了探讨。

二、几点建议

1. **深化与授课专家学者的合作交流。** 此次培训班的授课学者，都是在各自研究领域里的权威，他们的学问和经验非常值得我们学习借鉴，他们的人脉和资源可以在广西的改革发展中发挥作用。××教授是应急处置和媒体应对方面的专家，我们的工作中不时会遇到这方面的突发情况，我们可以通过电话向她咨询。××教授是知名的行政法专家，他对××抱有浓厚的兴趣。××教授十分了解××，对××发展战略有独到的研究，他本身也在××投资产业，拥有金融、教育、投资等方面的广泛人脉。我们应该保持和他们的良好关系，随时向他们请教学问。在他们来××

时，我们可以邀请他们到办公厅授课和交流。

2. 深化各个专题的学习。 培训班上各位教授的授课，为我们打开了知识的大门。他们教给我们的是学习的思维和方法，而远远不是知识的全部。无论是法治思维、群众观点，还是国家安全形势、宏观经济形势，或是两型社会的构建、突发事件的应对，都远远不是七天的学习所能解决的问题。我们不能止步不前，而是应该乘势而上，深化对这些专题学习，努力做到触类旁通，不断深化对相关概念、理论和知识的掌握。培训结束回来，我查阅了授课老师所发表的相关论文著述，进一步学习领会了他们的主要学术观点，以此深化了培训中所学习到的知识。

3. 继续举办多样化的干部培训。 对干部的常态化培训教育，其重要意义再怎么强调都不过分。一旦我们养成了坚持理论学习的习惯，我们就会不断提高综合素质和工作能力，就会对自治区党委领导的决策部署产生更深刻的理解认同。在培训中要坚持"走出去"和"请进来"相结合，"走出去"有利于开阔眼界和思维，"请进来"可以实现最大限度的参与度、针对性和节约性。对于我们"走出去"举办的培训班中的课程录音和有关资料，要安排专人负责带回厅里面给没有参加的同志予以分享。对于那些讲授特别精彩的专家学者，可以利用周末两天的时间，适时邀请他们到我厅进行专题讲授。

范例3：

近三年来个人工作情况总结

本人于2007年7月研究生毕业后来到××市人民政府办公厅工作，历经三年培养锻炼，先后在综合科、第×秘书科、第×秘书科工作。三年来，我认真贯彻党的路线方针政策，积极贯彻落实科学发展观，认真学习，扎实工作，恪尽职守，廉洁自律，各项工作成效明显。

现将三年来工作情况报告如下：

一、强化理论学习，努力提高政治素质和综合素质

三年来，我始终把坚持学习作为提高自身素质和做好工作的首要任务，通过坚持的学习和不懈的努力，丰富自己的知识结构，提升工作能力和水平。三年来共购买理论和业务书籍300余册，周末和在家休息时坚持少看电视、多看书，有空闲时常常到图书馆查阅相关文献资料，补充新知，充实自我。按照"三人行必有我师"的精神，我不断向领导和同事求教和学习，多学习别人的长处，多听取别人的意见。

我加强政治理论学习，政治素质不断提高。积极参加各项学习教育活动，认真学习理论政策知识，通过深入学习、查找差距、深化认识，进一步提高了自身的政治理论素养，进一步增强了政治信念、政治觉悟。认真参加科学发展观学习实践活动，对科学发展观的精神实质有了更深入、更全面的理解，以人为本、科学发展的理念得到了进一步增强。

我能够做到联系全区、全市的经济社会发展实际，联系自身思想和工作实际来思考和分析问题，同时把学习和调研结合起来，不断探索工作的新思路和新方法，培养和提升自己从政治上、全局上观察问题、分析问题的能力及运用理论指导实践的工作能力。

二、不断加强业务学习，全面提高文稿写作、办会、办文等方面能力

三年以来，我认真学习、全面提高文稿写作、办文、办会、服务的技巧和方法。我对办公厅的工作有了深入的了解，对全市经济社会发展的各方面工作有了全面的掌握。我感觉自身各方面尤其是业务能力有了很大的提升。

（一）业务方面：为适应工作需要，我重点加强了对宏观经济、金融、公共管理、国有资产监管、区域经济等专业知识的学习。同时根据所联系部门的业务领域，努力学习发展改革、财政、物价和国资监管等方面的理论政策，努力学习了解市情，尽快熟悉了分管联系部门的实际工作，进一步更新了自身的知识结构，提高了自身依法行政和处理地方复杂事务的能力。

（二）文稿写作方面，我不断提高自己的文字能力和水平，我着重培养了较高的文稿写作能力，能优质高效完成各类文稿的写作任务，按照领导的要求拿出让领导满意的文稿。参与了政府工作报告、重大活动讲话、重要调研报告等一系列重要文稿的起草工作，能时常创新思维，提出新思想、新思路供市领导决策参考。三年来我负责起草和修改文稿300余篇，圆满完成了工作任务，得到了领导的表扬和同事的认可。

（三）**办会方面**，我学习办会经验技巧，培养了很强的组织协调能力，能够训练有素、独当一面。工作中既礼貌、周到、温和，又能够准确迅速地执行领导的指示和要求。我认真做好会议各项准备工作，热情服务，耐心细致；严把会议审批、会议内容审核和会议材料关；深入实际，认真了解，积极分析和研究各类协调事项，根据市领导要求组织召开各种协调会，及时协调解决各县区和部门上报的问题，得到了领导和基层的好评。我深入生活，以实践为师，努力提高自己的阅历和思想深度，提高自己的组织协调能力。在协助市领导协调各部门、各县区推进有关工作时，我准确传达领导指示，采取各种得力的措施和办法，化繁为简，透过现象抓住本质，做到既温和、礼貌，又能达到推动工作、迅速执行的效果。三年来我共负责组织各类会议400余次，起草和印发市政府工作会议纪要和协调会议会议纪要200余件。

（四）**办文方面**，我掌握了办文的各种技巧，考虑问题全面、周到，能提出准确、到位、有创新性和可操作的建议和意见。我认真办理好各单位上报的请示、报告公文，办结率100%，对所有公文均能在第一时间处理，做到不积压文件，不拖延公文流转时间。在提出拟办意见时，注意充分掌握各方面信息，反复推敲，为领导把好关，提出的拟办意见被市领导采用率高。严把发文审核关，避免差错。三年来我办结公文3000余份，发文600余份。

（五）**为人方面**，三年来，我学习做事，更多地学习做人。我坚持光明磊落、堂正做人的原则，尊重领导，团结同事，文质彬彬，真诚朴实，宽以待人，严以律己。注意从领导和身边的同志学习阅历和为人艺术，取人之长，补己之短，提高自我。三年里，我一如既往地踏实生活、认真工作，一如既往地相信组织、相信生活、相信自己，一如既往地老实做事、低调做人。经过锻炼，我的性格更加成熟和稳重，为人更加谦和，在团结同事和处理好方方面面关系的能力有了很大提高。

三、认真履行职责，狠抓工作落实

（一）认真学习、深入调研

三年来，随同领导对县区和高新、经开、东盟区的经济社会发展情况多次进行学习调研，多次走访全市100多个乡镇（街道）、市国资委监管的31家国有企业、各项重大工程项目。

（二）协助分管的发改委工作

协助市领导组织完成了我市"十二五"规划重大前期课题研究工作；协助发改委开展起草了关于支持和鼓励总部经济发展若干规定等政策文件；协助推进各项重大计划的编制，深化医药卫生体制改革，协助抓好节能减排和重点领域改革，加强和改善民生等专项工作。

（三）协助分管的国资委和市属各国有公司工作

协助市领导进一步完善国资监管体制，优化国有经济布局结构，深化国有企业改革，指导监管企业转变发展方式、提高发展质量和效益，努力实现国有经济更好更快发展。按照自治区要求，协助推进十户规模以上未改制企业的改革工作。协助市领导开展国资监管工作，通过合资合作、引进战略投资者等方式，做大做强国有资产，完成了香港五丰行有限公司与南宁肉联厂合作重组。同时，协助推进南化两公司的脱困工作，取得良好成效。

（四）协助领导做好其他方面的工作

协助市领导做好市财政局、统计局、交通局、工信委、安监局、铁建办、法制办、机关事务管理局、政府发展研究中心等方面的工作，负责做好部门文稿的审定、公文上报的办理，相关工作会议、协调会议的组织等有关工作。

四、坚持廉洁从政，积极转变工作作风

我始终保持谦虚谨慎、求真务实的工作作风，认真踏实地做好本职工

作和领导交办的任务。以对组织负责、对领导负责、对自己负责的态度对待每一项工作。说老实话，做实在事，求实际效果，努力做到"言必责实、行必责实、功必责实"，时刻保持创新意识，在工作中注重开拓创新，努力学习新知识，把握新动态，努力以高水平、高质量的建议意见辅助领导决策。

工作期间，注意讲团结、讲奉献、讲大局，诚恳待人，严格遵守机关各项规章制度和劳动纪律，做到有令必行，有禁必止，坚持深入基层、深入群众、踏实做事，自觉实现好、维护好群众利益。严格执行党风廉政建设责任制和民主集中制，强化作风建设和党性修养锻炼，切实做到廉洁自律。对临时交办的紧急任务，经常加班加点，确保按时完成，经常加班加点，每年加班占用休息日在三四十天以上。

五、存在的不足和努力的方向

这些成绩和进步是在各级领导的指导和关心下，在同志们的帮助和支持下取得的。虽然三年来我在工作上取得了一定的成绩，但是与领导的要求相比，与干部群众的期望相比，自己还存在许多不足和需要改进之处。比如，对相关理论、业务知识的学习还不够全面深入。今后，我一定深入联系干部群众，进一步加强对相关理论、业务知识的学习，不断提高自身综合素质，以更加扎实的工作作风做好每一项工作，切实做到勤政廉政、职责履职。

第六节 调研报告

【概念解说】

调查报告是针对某一现象、某一事件或某一问题进行深入细致的调查，对获得的材料进行认真分析研究，发现本质特征和基本规律之后写成的书面报告。

调查报告是一种在新闻领域和机关应用文领域中都可采用的常用文体，也就是说，它是新闻和应用文的两栖文体。不过，有些在机关之间流通的调查报告，可以没有新闻性。而在报刊广播上发表的调查报告，必须有新闻性。调查报告在报刊上发表的时候，也可以叫作"新闻调查"。

1. 按调查报告的内容范围分类

（1）综合性调查报告

这类调查报告是就一定时期内涉及面广的重大问题，进行多方面调查后，综合整理而形成的反映全面情况的调查报告。

（2）专题性调查报告

是就某一事件、某一工作或某一问题，进行调查研究后形成的调查报告。

综合性调查报告与专题性调查报告相比较，前者内容全面，范围广泛；后者内容单一，范围较小。

2. 按调查报告的作用性质分类

（1）总结经验的调查报告

这类调查报告是反映具体普遍指导意义的典型经验，通过对经验的系统总结，推动全面工作的开展。

（2）揭露问题的调研报告

这类调查报告多是揭露矛盾和问题，搞清事实真相，提出解决问题的办法或其他结论性的意见。

（3）反映情况的调查报告

主要反映各项工作，如政治、经济、思想政治工作、党的建设和社会发展等方面情况的调查报告。

（4）考察历史事实调查报告

这类报告主要是对某一历史事件、某一阶段的史实进行周密调查后，用确凿的事实反映历史真相。其政策性强，观点鲜明，具有说服力。

【起草格式】

1. 标题

调查报告的标题有以下几种写法：

一是常规文章标题写法。这类标题概括调查报告的基本内容，具体方式灵活多样。可以直接叙述事实，如《三个孩子去蛇岛》；可以显示作者自己的观点，如《莘莘打工者，维权何其难》；可以用问题作标题，如《儿童究竟需要什么读物》；还可以用形象画面暗示文章内容，如《"航空母舰"逐浪经济海洋》等。

二是公式化写法，就是按照"调查对象＋调查课题＋文体名称"的公式拟制标题。这样的标题读者一看就知道写的是什么单位，涉及的是哪些问题，文种也很明确。

三是双标题的写法，由正副标题组成，其中正标题一般采用常规文章标题写法，具体手段如上所述。副标题则采用公式化写法，由调查对象、调查课题、文体名称组成。

2. 正文

（1）前言

调查报告的前言一般要根据主体部分组织材料的结构顺序来安排，常用的有以下几种类型：

一是提要式，就是把调查对象最主要的情况进行概括后写在开头，使读者一入篇就对它的基本情况有一个大致的了解。

二是交代式，就是在开头简单地交代调查的目的、方法、时间、范围、背景等，使读者在入篇时就对调查的过程和基本情况有所了解。

三是问题式，就是在开头提出问题来，引起读者对调查课题的关注，促使读者思考。这样的开头可以采用提问的方式引出问题，也可以直接将问题摆出来。

（2）主体

主体部分的材料丰富、内容复杂，在写作中最主要的问题是结构的安排。其主要结构形态有三种：

第一种是用观点串联材料。由几个从不同方面表现基本观点的层次组成主体，以基本观点为中心线索将它们贯穿在一起。

第二种是以材料的性质归类分层。对课题比较单一，材料比较分散的调查报告，可采用这种结构形式。作者经分析、归纳之后，根据材料的不同性质，将它们梳理成几种类型，每一个类型的材料集中在一起进行表达，形成一个层次。每个层次之前可以加小标题或序号，也可以不加。

第三种是以调查过程的不同阶段自然形成层次。事件单一、过程性强的调查报告，可采用这种结构形式。它实际上是以时间为线索来谋篇布局的，类似于记叙文的时间顺序写法。

（3）结尾

调查报告常在结尾部分显示作者的观点，对主体部分的内容进行概括、升华，因此，它的结尾往往是比较重要的一个部分。可以采用各种方法，如总结全文，明确主旨。将全文归结到一个思想的立足点上，以加深听众的理解；指出问题，启发思考。将一些还没有引起人们注意的问题指出来，引起有关方面的注意，或者启发人们对这一问题的思考；针对问题，提出建议。在揭示有关问题之后，对解决问题提供一些可行的建议。总之，要干净利落，不要画蛇添足、拖泥带水。

3. 落款和日期

即在正文后面右下角写明撰写调查报告的机关名称，如在标题下面写明了，在此就不必再写了。最后在落款下面注明年、月、日。

【范例参考】

范例1：

××市乡镇干部走读现象调查

乡镇干部走读是当前基层群众反映强烈的突出问题，也是乡镇开展党的群众路线教育实践活动需要解决的重点问题。近期，××市针对乡镇干部走读现象，深入10个乡镇实地走访，对217名在职在编乡镇干部进行问卷调查。调研结果显示，乡镇干部走读现象仍然比较普遍，原因主观客观并存，必须加强干部思想作风建设，严格执行管理制度，强化激励保障措施，才能标本兼治。

一、乡镇干部走读现状

乡镇干部走读呈现以下特征：

一是走读现象比较普遍。10个乡镇都或多或少存在走读现象，217名在职在编乡镇干部中，有145名干部为走读干部，占66.8%；92名乡镇领导班子成员中，71名为走读干部，占76.1%。

二是走读情况各有不同。由于距离县城远近、交通状况等条件的不同，乡镇干部走读情况也各有不同。在3个城郊镇，68名干部在走读，占干部总数的89.5%；在4个一般乡镇，69名干部在走读，占75.8%；在3个偏远乡镇，8名干部在走读，占16.0%。

三是走读逐步上升为组织行为。调研发现，不少乡镇把办公用车作为接送干部上下班的专用车辆，方便乡镇干部走读，导致走读由个人行为上升为组织行为。

二、乡镇干部走读原因

调查显示，造成干部走读的原因是多方面的，既有主观原因，也有客观原因，主要有四个方面：

1. **干部思想作风退化**。在调查问卷中，干部群众对该选项的认可度为54.7%。一是宗旨意识淡化，一些干部群众观念不强，宁愿把时间和精力耗费在往返城乡上，也不愿在乡下住夜。二是事业心弱化，一些干部满足于按点上班，到点收工，认为只要在工作时间内完成任务就行，走读无可厚非。三是吃苦精神退化，一些干部贪图温暖舒适，耐不住孤独寂寞，一有机会就往城里跑。

2. **城乡差距继续增大**。在调查问卷中，干部群众对该选项的认可度达89.5%。县城各项条件优越，在子女教育、生病就医、休闲娱乐等方面服务较为全面，因此越来越多的乡镇干部涌入县城，加入了走读干部的行列。而乡镇生活条件改善较慢。近五年来，只有2个乡镇在宿舍、食堂、文体设施方面进行了投入，多数干部宿舍是十几二十年前的老房子，面积小、条件差。篮球场成为唯一的文化娱乐设施。

3. **管理制度明显缺失**。在调查问卷中，干部群众对该选项的认可度为61.3%。一方面是制度设计上存在缺失。相关规定存在"原则要求多、定量指标少""要求条款多、处理条款少""本级执行多、上级督查少"的"三多三少"问题，可操作性不强，难以引起乡镇干部的真正重视。另一方面是管理不够严格。有的认为，在八小时以外管理不应过于严格；有的认为乡镇干部工作辛苦，再要求住乡镇，情感上说不过去；有的不愿得罪人，对干部走读睁一只眼，闭一只眼。这导致了管理上"失之于宽、失之于软"的现象，现有制度难以起到应有作用。

4. **激励保障措施缺乏**。在调查问卷中，干部群众对该选项的认可度达94.8%。一是政治激励缺乏。由于以前没有建立乡镇干部职务与职级并行的制度，一些乡镇干部"科员岗位干终身"，一过年限，激情不再，工作没有积极性。二是物质激励缺乏。当前，乡镇原来发放的加班补贴、值班津贴被清理后，乡镇失去了调动干部积极性的一大"法宝"。三是资源保障缺乏。乡镇经费主要来源于财政转移支付，向上跑资金、跑项目，成为乡镇干部的一项重要任务，这也促使乡镇干部往上面跑得多，待在下面的少。

三、解决乡镇干部走读现象的对策建议

调查显示，解决乡镇干部走读现象，必须从改善干部思想作风，严格制定执行制度等方面着手，才能标本兼治。

1. 加强思想作风建设，让乡镇干部不想走读。 一是开展走读专项整治活动。结合教育实践活动的开展，加强乡镇走读问题的专项整治，组织广大乡镇干部认真学习有关精神和要求，加大典型案例宣传教育力度，增强乡镇干部住乡镇的责任感和紧迫感。二是强化理想信念和宗旨教育。加强乡镇干部宗旨观念、公仆意识、艰苦奋斗精神教育，结合民主生活会和组织生活会的召开，组织开展"来到乡镇为什么、扎根乡镇干什么、离开乡镇留什么"主题讨论，让乡镇干部思想受到触动。三是发挥好身边典型示范作用。将有敬业精神、服务意识强、工作任劳任怨、不走读的乡镇干部选树为身边典型，进行表扬和宣传，充分发挥好身边典型的示范带动作用。

2. 改善工作生活条件，让乡镇干部不需走读。 一是加快小城镇建设。抓紧落实好中央关于加强小城镇建设、推进城乡一体化的决策部署，推动优质教育培训、卫生医疗、文化休闲等资源向乡镇拓展，消除城乡差距，力争让干部群众早日在乡镇也能享受到跟县城大致相等的公共服务。二是推进乡镇"五小工程"建设。呼应乡镇干部的工作生活需求，采取三级财政分级负担的形式，在乡镇加强以"小餐厅、小浴室、小图书室、小活动室、小体育场"为主的乡镇"五小工程"建设，改善乡镇干部在乡镇工作生活的条件。三是建立乡镇干部关心关爱制度。党委及组织部门要关心爱

护乡镇干部，对于家在乡镇的干部，帮助他们解决配偶就业和子女入学问题，对于在乡镇工作时间较长、表现较好、年龄较大的乡镇干部，可有计划地安排到县直单位工作。

3. 严格执行管理制度，让乡镇干部不敢走读。一是严格日常考勤制度。认真落实自治区有关坚决纠正基层领导干部走读问题的文件要求，合理安排乡镇干部住宿乡镇时间，严格按照要求进行考勤，并探索将考勤结果作为评先评优、晋升职务、德的考察的重要依据，防止日常考勤流于形式。二是严格检查通报制度。上级党委、政府及纪检、组织部门可采取实地督查、随机暗访等方式，一竿子插到底，不定期进行抽查，发现乡镇干部脱岗的，严肃处理，及时通报，确保制度得到长期执行。三是推行领导带头改进作风制度。探索推行乡镇领导干部夜晚学习办公制度，利用"夜训堂""夜谈会""农家夜访"等有效形式，组织乡镇干部利用晚上学习理论、研究工作、访谈农户，在带头示范中改进工作作风。

4. 强化激励保障机制，让乡镇干部不愿走读。一是强化"基层出干部"用人导向。注重从长期在乡镇工作的优秀干部中选拔领导干部，促使乡镇干部甘心留在基层干事创业。切实落实职务与职级并行制度。二是探索实行住乡补贴与值班津贴制度。在规范津补贴的同时，适当提高乡镇干部的生活福利待遇，探索设立乡镇工作专项津贴，让乡镇干部付出有收获。三是探索建立工作与交流就近安排制度。对于新录用的选调生和大学生村干部，优先安排到家庭所在乡镇工作。在乡镇注意保留一定比例的本地干部。四是构建乡镇工作资源保障机制。强化对乡镇工作资源的保障力度，改变当前存在的"跑上钱进"工作局面，让乡镇干部真正从跑资金、跑项目中解放出来。

范例2：

当前我市农民工就业创业存在的问题

近年来，中央和省委对农民工返乡就业创业高度重视，出台了系列政策，财政不断加大投入，扶持返乡农民工就业创业工作取得明显成效。据统计，截至 2017 年 3 月，我市返乡创业农民工人数超过 ×× 万人，创办各类企业超过 ×× 万家，带动就业近 ×× 万人。但返乡农民工创业就业缺资金、缺场地、缺技术、缺服务、缺信心等问题仍然存在，制约了创业就业相关政策的落地。

一、创业担保贷款落实难

据统计，我市各类金融机构累计发放返乡农民工创业贷款只有 ×× 亿元，获得信贷支持的创业者不足返乡创业人数 10%。最近的问卷调查结果显示，约有 80% 准备创业者缺少启动资金，通过获得创业担保贷款解决资金问题的人数不到 15%。返乡创业农民工普遍反映因缺乏有效抵押物和符合要求的担保或反担保条件，加上担保贷款办理流程烦琐耗时、审核要求严格，获得担保难度很大。部分农民工称，金融机构要求反担保人为机关公务员或财政全额拨款事业单位在职在编人员，难以找到，只能放弃贷款。

二、创业场所不足，初始创业成本高

目前，部分地方反映政府提供的创业园及创业孵化基地数量偏少，不能满足包括返乡创业农民工在内的众多创业者需求。为解决初创企业成本高问题，我区出台了社保补贴政策，规定入驻孵化基地创业的农民工可申请获得一定的社会保险补贴，但调研了解到，按规定农民工从入驻创业孵化基地之日起享受为期一年的社会保险补贴政策，企业完成招录人员、社保登记等流程、步入正轨需要大半年时间，实际享受社保等用工补贴的时间只有半年左右。

三、相关政策和资源缺乏统筹规范

创业担保贷款、创业培训等资源分散，缺乏规范管理，没有形成工作合力。目前，人社、工信、财政、农业、扶贫等多个部门针对农民或农民工出台了小额担保贷款、中小企业担保贷款、农民工担保贷款等一系列创业担保贷款扶持政策，但政策规定交叉重复，同一个农民工可向多个部门、在创业的各个阶段申请担保贷款，既缺乏针对创业初期、企业成长期、企业稳定期各个不同创业阶段融资扶持政策分工和统筹，又容易造成"多头管"与"没人管"并存的局面，对基层人员管理、创业者办理贷款均造成诸多不便。另外，创业担保贷款担保基金多头管理，使各基金规模和实力难以做大做强，不仅难以提高与金融机构的谈判议价能力，也人为阻止部分金融机构提供贷款服务。

四、创业就业基本公共服务有效供给不足

多数返乡农民工由于自身能力局限，很难及时全面获得创业就业相关信息和帮助指导。而目前各级各部门特别是县乡政府和有关部门由于就业创业服务平台建设进度偏慢，服务设施、力量、手段、意识相对薄弱，在提供服务的多样性、时效性、主动性、针对性、有效性方面普遍不能满足服务对象的需求，很大程度上影响了返乡农民工创业就业的信心和积极性。

对策及建议：

一是完善相关政策，加大扶持力度。关于创业担保贷款问题，各级政府要创新财政资金使用方式、加大担保基金投入额度，及时足额筹集担保基金、及时兑现贴息资金；鼓励农村金融服务机构针对农民工创业资金需求小、时间急等特点开发信贷新品种，大力推行信用证制度、农户联保贷款制度，放宽贷款条件，降低贷款抵（质）押标准，允许创业人员利用房屋产权、土地使用权、机器设备等作为抵（质）押品。关于返乡创业场所场地问题，把农民工返乡创业纳入城镇建设规划，将农民工返乡进城创业所需场所建设纳入预算内基建投资计划给予支持；鼓励各类开发区、工业集聚区和中小企业创业基地为农民工回乡创业提供场所等创业服务；引导和鼓励回乡创业人员、企业利用闲置厂房等公共集体设施改造用作创业场所；加快建立健全农村土地资源承包权和经营使用权自由转让、承租和入股的土地交易市场，鼓励土地向有资金、懂技术的返乡创业农民工流转。关于降低创业成本问题，适当延长创业孵化企业社会保险补贴期限；进一步优化自治区农民工创业专项扶持资金使用方向，对符合条件的返乡农民工创办的企业，按规定给予一次性岗位开发补贴、创业补贴和贷款贴息，对企业新增就业岗位吸纳农民工就业，根据其签订劳动合同及社保缴纳情况，按人数给予企业一定奖励，突出对农民工创业的直接支持。

二是统筹政策资源，形成工作合力。做好顶层规划，将促进返乡农民工创业就业工作与脱贫攻坚、城乡统筹发展、县域经济发展、现代农业发展等一同规划、一同部署、统筹实施，充分发挥返乡农民工在促进现代特色农业和县域经济发展、带领群众脱贫致富中的优势和主力军作用。统筹整合政策性信贷担保政策和资源，支持各地以市或县为单位统筹整合政策性创业信贷担保贴息政策、信贷担保基金和信贷担保财政贴息补助资金等，在全市或全县范围内形成"六统一"政策性创业信贷担保服务工作机制（统一担保贴息政策、统一担保基金运作、统一管理服务机构、统一受理服务平台、统一服务各类人群、统一对接金融机构），各地对大学生、贫困农户、返乡创业农民工等不同创业群体和创业企业给予分类或叠加扶持，并允许根据创业企业不同发展阶段（初创期、成长期、稳定期）提供相应的信贷担保支持。统筹整合职业培训政策和资源，开发全区统一的创业就业技能培训管理服务平台，各类培训主办部门通过平台发布相关政策、信息、组织、服务等并接受社会监督，参加培训人员和提供培训服务的机构通过平台咨询报名并获得服务；各县（市、区）根据本地实际、市场需求、上级下达任务和补助资金情况，明确牵头部门统一组织实施培训管理，逐步解决培训工作多头分散管理、培训对象重复交叉、培训资金低效使用、培训与需求脱节等突出问题。

三是强化服务供给，服务创业全程。依托各级人力资源部门现有渠道和资源，建立健全统一、各级共享的创业就业服务平台。政府相关部门通过统一服务平台进行管理、提供服务，并接受社会、群众的监督；市场供需双方利用统一服务平台获得政府服务，交换供需信息，实现网上需求对接，降低创业就业成本的同时提高成功率。依托当地技术单位力量和发挥科技特派员优势，组建灵活多样的技术服务团队为回乡创业农民工提供必要的技术支持。鼓励各级公共就业服务机构为创业者提供招工服务、代存档案、代缴社会保险费等系列便利服务。通过统一平台加强对各级各部门提供服务情况的考核评价，相关经费安排与服务数量和质量挂钩。

范例3：

××××年浙江人安全感满意率96.39%

核心提示

为全面推进"平安浙江"建设，××××年10月，浙江省统计局组织开展了全省第二次建设"平安浙江"人民群众安全感满意率调查。

此次调查，以浙江省××××年1%人口抽样调查样本为载体，在全省11个设区市、90个县（市、区）中，共抽取389个乡（镇、街道），536个调查小区，对16 100名16岁及以上的人口进行调查。调查历时两个多月，结果显示，被调查者感觉"很安全"、"安全"和"基本安全"三项合计占被调查者总数的96.39%。而社会风气、社会治安以及贫富差距问题关注度均有所上升，成了××××年浙江群众最关注的三大社会问题。

调查结果显示，在当前的社会环境下，被调查者感觉"很安全"、"安全"和"基本安全"的比重分别为16.59%、45.10%和34.70%，三项合计占被调查者总数的96.39%，与××××年相比，群众安全感提高了4.06个百分点。同比，感觉"很安全"、"安全"和"基本安全"的人数分别上升了3.49、2.28个百分点和下降了1.71个百分点。

比去年感觉更安全

在对"您参加当地举行的大型群众性活动时，您感觉安全吗？""在您从事的工作环境中会担心发生生产安全事故吗？"以及"您所在地的食品卫生情况如何？"等问题的问卷调查中，分别有39.24%、41.55%和22.12%的被调查者选择"安全"、"不担心"和"较好"，有37.73%、27.35%和64.03%的被调查者选择"基本安全"、"有点儿担心"和"过得去"。与××××年相比，浙江的公共安全、生产安全、食品安全总体情况有所好转，但是还有2.03%、11.20%和5.67%的被调查者选择了"不安全"、"担心"和"较差"。特别是仍有11.20%的被调查者"担心"工作中会发生生产安全事故。在对"食品安全"问题的问卷调查中，又作了深入调查，当问到"哪一类食品安全问题是您感到最担心的"时，被调查者选择最多的首先是假冒知名品牌的食品，占46.28%；其次是达不到国家卫生标准的食品，占22.51%；再者是过了保质期还在销售的食品，占

15.30%。

97%的群众认为治安较好

（略）

环保满意度上升

环境污染初步得到控制，但环境保护工作仍然任重道远。本次调查把环境保护列为调查的重点。（略）两年的调查数据，对比可以看出，近年来，各级政府通过采取退耕还林、搬迁污染企业、治理大江大河、千村示范、万村整治、旧城改造和创建文明城市等一系列措施，使浙江城乡面貌有了很大改变，环境污染问题已初步得到控制。但是，也应该清醒地看到，浙江的"环境保护"现状还不乐观，水质量问题相对更严重，环境保护工作仍然任重道远。

对公安队伍总体满意

调查数据显示：有83.35%的被调查者对所在区、县的公安队伍建设表示"满意"。（略）

增强安全感六问题优先

为了准确掌握当前增强群众安全感最急需解决的问题，调查中列举了十二个问题让被调查者进行选择。从选择的结果看，选择"加强社会治安工作"的占18.97%（略）与××××年相比，在人民群众心目中，认为当前增强群众安全感最急需解决的问题，排在前三位的仍然是"加强社会治安工作"，"加强食品卫生监督"和"加强青少年教育工作"。"健全社会保障制度""生产、交通安全管理""流动人口管理"等问题也比较突出。

"社会风气、社会治安、贫富差距"三大社会问题浙江百姓最关注。

本次调查，共列出了16项当前群众最关注的社会热点问题（略）。由此可见，社会风气、社会治安、贫富差距问题成了××××年浙江群众最关注的三大社会问题。特别是上升速度较快的"社会治安""贫富差距""食品安全"等问题，应该引起有关部门的高度重视。

刑事犯罪影响公众安全感（略）

刑事犯罪、交通事故、食品安全仍然是影响群众安全感的三个最主要问题。（略）

第七节 专用书信

【概念解说】

专用书信是在特定的范围内因公务活动的需要而专门拟制并使用的公务文书,其用途十分广泛。机关和团体、企业事业单位之间相互联系工作、传递某种意见要求,开展友谊竞赛以及对单位或个人提出表扬或批评时,常常需要以相应的专用书信为载体来实现。

与其他公务文书相比,其突出特点表现在专、短、快、多、活五个方面,即用途专一,范围特定,篇幅短小精悍,成文方便,传递及时,数量繁多,用途灵活,对上、对下,对组织、对个人均可使用。正因为如此,就使得各种专用书信在长期的公务活动实践中越来越受到人们的重视,是公务文书家族中的"轻骑兵"。

专用书信是一个较为庞大的公文组群,其种类很多,主要包括介绍信、证明信、邀请信、贺电(信)、咨询信、表扬信、感谢信、慰问信(电)、公开信、保证书、倡议书、建议书、申请书、聘书等,这些文种在实践中的使用频率都很高。

【起草格式】

各种专用书信除介绍信、证明信、聘书等各单位均有铅印好的固定格

式式样以外,其他几种专用信件的写法是:

1. 开头

写称呼,加冒号,顶格写。

2. 正文

即书信的主体部分,一般包括以下两个方面:

第一,说明慰问、表扬、感谢、贺喜的背景、原因。例如慰问信一般是通过"正当……你们取得了(突然遇到了)……"的句子来加以引出;表扬、感谢两种信件,是通过简明扼要叙述对方的好品德、好作风等事迹来加以说明;喜报和贺信,一般是通过交代贺喜的原因来展开。

第二,以热情饱满、亲切诚恳的语言进行慰问、表扬、感谢与贺喜,表明写作者的态度和心情。例如慰问信就要用朴实恳切的言语,致以亲切的慰问,并表明上级机关的关心和态度;表扬信、感谢信就要在第一部分叙述事实的基础上,加以热情的赞扬和鼓励;贺信或喜信,要用热烈的词语表示祝贺、赞颂,写出贺喜者的心情和态度。

3. 结尾

慰问信、表扬信和贺信、喜信的结尾,主要是提出希望和号召;感谢信的结尾要表示向对方学习。除上述外,有的还写上一句祝愿之类的话,如"此致,敬礼""祝同志们节日愉快""谨表谢意""向你学习""特此贺喜"等。

【范例参考】

范例1:

表扬信

××县第一中学:

贵校保卫科××科长，于今年 7 月 25 日在乘中巴返回××县，途经××路段时，只身与 7 名手持器械的拦车歹徒英勇搏斗，身负重伤，后在车上其他乘客齐心帮助下，武警将这 7 名歹徒一举捕获。为此，我公司写信给贵校表扬××同志并愿承担××同志住院治疗的一切费用。他这种见义勇为、不畏强暴的行为应得到社会的尊重、人民的爱戴。同时，我们要学习他这种精神，爱岗敬业，做好本职工作，为社会主义市场经济建设多作一份贡献。

此致

敬礼

××地区交通运输总公司
×××年 8 月 1 日

范例 2：

感 谢 信

××日报社办公室：

为进一步提高文字把关能力，提高文件审核质量，20××年×月×日，我单位全体同志到贵社向长期从事文稿审校工作的同志学习请教。

贵社领导高度重视，安排了专门负责文字审核的出版部同志传授校核工作技能知识、经验做法和典型案例。全面介绍了××日报出版校核工作经验做法，着重介绍了校核中常见的文字差错情况。我单位全体同志纷纷表示收获颇丰、受益匪浅。贵单位几位同志夜班上班，白天不辞辛苦，专门给我们辅导，在此表示深深的感谢，希望以后加强沟通联系交流。

感谢对我们工作的大力支持！

××单位
20××年×月×日

范例3：

慰 问 信

各位干部职工及家属：

新年好！

时光不老，华章日新。在这辞旧迎新的美好时刻，谨向全体干部职工及家属致以亲切的问候和新春的祝福，祝愿大家新年快乐，阖家幸福！

刚刚过去的2016年，在省委的坚强领导下，我厅落实全面从严治党要求，认真抓好党风廉政建设，各项工作取得了新成绩。

共事是缘，知遇有恩。过去的一年，无论是政务处室还是后勤处室，大家携手同行，砥砺奋进，开拓创新，推动决策部署落实和服务水平的提升。我们取得的每一点进步和成绩，都是全厅干部职工忠诚、敬业、担当、拼搏的结果，也离不开干部职工家属的默默支持和无私奉献。大家舍小家顾大家，牺牲了很多与家人团聚的天伦之乐，放弃了很多宝贵的休息时间，欠下了很多的亲情账、感情账、良心账。我们深知，在每个干部职工的背后，都是家属们默默挑起了家庭重担，为父母安享晚年、孩子健康成长、柴米油盐酱醋茶操了很多心，吃了很多苦。正是家属们的理解和支持、牺牲和付出，才使我们的干部职工能"白加黑""五加二"地全身心投入工作，换来了办公厅"三服务"事业的不断发展进步。在此，我们向全厅干部职工及家属们致以崇高的敬意和衷心的感谢！

"新故相推，日生不滞。"明年我们将不忘初心，继续前进，努力做到高水平参谋服务、高效率统筹协调、高质量督促检查、高标准运行保障。同时，我们将努力创造更好的政治生态和工作环境，让大家有更多的获得感和成就感。

我们坚信：只要大家撸起袖子加油干，团结一致向前奔，我们一定能走好新的长征路，一定会百尺竿头，更进一步！

恭祝大家新春愉快，身体健康，工作顺利，万事胜意！

中共××厅
2017年1月15日

范例4：

贺信

值此××自治县成立30周年之际，特向××自治县各族干部群众和各界人士，致以热烈的祝贺和亲切的慰问！向所有关心支持××自治县建设发展的同志们和朋友们，致以崇高的敬意和衷心的感谢！

30年前，××自治县成立，是党的民族政策结出的丰硕成果，开启了××发展进步的历史新篇章。30年来××各项事业跨越发展，社会面貌焕然一新。经济持续快速发展，改革开放不断深入，基础设施全面改善，各项社会事业全面进步，人民生活水平大幅提升。民族区域自治制度不断完善，民族团结进步事业扎实推进。基层组织建设不断推进，党的执政基础更加牢固。今天的××，政通人和、欣欣向荣，各族人民正斗志昂扬决胜全面建成小康社会的康庄大道上。

三十年风雨同舟，三十载春华秋实。××自治县30年的辉煌成就，离不开党中央、国务院的亲切关怀，离不开省委、省政府的坚强领导，离不开自治县历届党委和政府团结带领全县各族干部群众同心苦干、接续奋斗，也离不开全省各级各部门、各族人民、社会各界的大力支持、鼎力相助。××自治县成立30年的实践和成就充分证明，只有始终不渝坚持中国共产党领导，坚持中国特色社会主义，坚持民族区域自治制度，坚持铸牢中华民族共同体意识，才能实现××不断发展进步，才能实现各民族平等团结互助和谐与共同繁荣。

中国特色社会主义进入新时代，××同全国全省一样，站在了新的历史起点上。希望××各族干部群众始终高举中国特色社会主义伟大旗帜，以习近平新时代中国特色社会主义思想为指导，坚决贯彻落实党中央、国务院和省委、省政府的决策部署，努力实现经济繁荣、民族团结、环境优美、人民富裕，同全国全省一道进入全面小康社会！

让我们更加紧密地团结在以习近平同志为核心的党中央周围，统一思想、振奋精神、开拓创新、顽强拼搏，向着大化更加美好的明天奋勇前进！

祝××自治县繁荣昌盛！祝××各族人民幸福安康！

××××××××××

20××年×月×日

范例5：

低碳节能倡议书

全体干部职工：

2017年全国节能宣传周活动时间是6月11日至17日，主题是"节能有我，绿色共享"，全国低碳日是6月13日，活动主题为"工业低碳发展"。为广泛宣传生态文明主流价值观，大力推进我单位公共机构节能工作，积极建设节约型机关，在2017年全国节能宣传周和全国低碳日来临之际，经厅公共机构节能工作领导小组批准，特向全厅干部职工发出如下倡议：

一、6月13日办公区域公共照明、景观照明等停开，办公大楼电梯停开两台。请广大干部职工带头乘坐公共交通工具、骑自行车或步行上下班做好安排，自觉绿色出行，节约能源。

二、自觉减少办公设备待机能耗和一次性办公用品消耗。

三、从我做起，从今天做起。提倡节俭，反对浪费。

四、自觉养成随手关灯、关紧水龙头，下班关闭空调、电脑、打印机等电器的习惯，为建设节约型机关做出表率。

节能我行动，低碳新生活。为了我们共同的家园，为了我们赖于生存的地球,让我们携起手来,共建节能型社会!

×××厅公共机构节能工作领导小组办公室

2017年×月×日

第八节
会议记录

【概念解说】

会议记录，是在开会过程中由专门人员把会议的基本情况和会上的议程、报告、讨论的问题、发言、决议等内容记录下来的书面文字材料，是一种没有正式打印和盖章的特殊文件。开会做记录，可作为传达、执行会议决定和贯彻会议精神的依据，也可以作为会后进一步分析、研究、总结工作的重要参考材料，还可以起到备查作用。

按照会议的不同性质，会议记录可分为：党委会议记录、群众团体会议记录、企事业单位行政会议记录、单位会议记录、工作会议记录、座谈会议记录等。

【起草格式】

从结构上看，会议记录一般分为两部分：

1. 会议的基本情况

这些情况一般要在会议宣布开始时就写在记录本上。具体包括以下内容：

第一，标题。

即会议的名称，一般由单位名称、会议事由加上记录构成，如《××大学校长办公会议记录》。

第二，时间。

要写清年、月、日，会议开始的具体时间，如×年×月×日×时到×时。

第三，会议地点。

第四，会议出席者。

根据会议重要程度和出席会议的人员多少，要写清楚参加会议人员的具体单位和出席者的姓名、职务，特别是决定重大事项的会议，要清楚地记录下有关出席者。出席会议的单位和个人比较多时或不需要一一列出时，只写主要与会人员或总数就可以了。

第五，缺席者。

一般应写清缺席者的姓名和缺席原因，但缺席人较多时，也可只写缺席人数。

第六，列席者。

即不属于本次会议的正式成员，但与会议有关的各方面人员，一般应写清单位、名称和职务。

第七，主持人。

写明主持人的姓名、职务。

第八，记录人。

写上记录者的姓名，必要时注明其职务，以示对所做记录的内容负责。

2. 记录会议的内容

这部分一般包括会议主持人的发言，会上的报告或传达了什么事情，讨论了什么问题，作出了什么决议等项目。记录这些内容有两种方法，一种是简要的记录，一种是详细的记录。一般说来，除重要的会议，对与会者每个人的发言要全部做详细记录外，一般性的会议记录是可以有详有略的。记录人要特别注意，如果讨论的是关键性问题，特别是意见有分歧，一定要详细记录下来；如果大家的看法比较一致，没有什么争论、交叉的意见，可以抓住每个人发言的中心、要点，简要地记录下来。会上如果有讨论决议的事项，要记下表决的情况。有时，还要整理一下讨论、议决的问题，念给与会者听，征求大家的意见，把决议的事项推敲得准确，以便于公布。

【重点说明】

1. 写会议记录的基本要求

会议记录要求准确、真实、清楚、完整。记录人员应当有高度的责任心，以严格认真的态度忠实记录发言人的原意，重要的意思要记录原话，不得任意取舍增删，改变原意；会议的重要情况、发言主要内容和意见，必须记录完整，不要遗漏。记录字体要规范，不得自己制造简便字符，力求清晰易认。对重要的会议要实行双套记录制，即由两人同时做记录，一人做详细记录，一人做简要记录，或两人都做详细记录，以防止遗漏、误记和差错，保证记录的内容准确、完整。

2. 会议记录的方式

一般来说，记录的方式有两种，一种是有选择性的记录，即摘要记录，只记会上报告了什么事情，讨论了什么问题，通过了什么决议。一种是详细记录，要把每个人的发言（有详细书面发言稿的除外）都记下来。这两种方法各有优点，对哪一种会议采用哪一种记录方法比较合适，要根据会议的性质、目的、要求及讨论的问题来决定。一般的会议，如果讨论的问题比较简单，只摘要记录就行，重要的会议或讨论的问题比较复杂，在讨论过程中有不同意见，甚至有争论的，就要详细地记下来。当然，也不是有话必录，只字不漏，而是在真实、准确的前提下记录其要点，与会议主题有直接联系的话要记全、记准确，对与本次会议议题无关的话，则可略记或不记。

3. 会议记录最突出的特点

一是它的原始性，它是指按会议发展过程将发言人的讲话内容、研究认定的问题，如实地记录下来，对文字、结构一般不允许加工、整理，更不允许更改重要内容，任何人篡改会议记录都是严重的错误。

二是它的凭据性。会议记录是对会议原始情况的真实记录，也就是说是第一手材料，因此更为可靠，一旦会后对某问题的讨论和决定有争议或需要核实，翻开就可查找，是会后查对情况的真实凭据。

4. 会议记录的作用

一是对加深理解会议决议有促进和指导作用。会议经集思广益形成了某决议，会议记录则记下了决议形成的过程，它不仅对贯彻会议精神，而且对检查决议执行情况，对总结工作都起着规范和指导作用。

二是素材作用。会议记录是形成会议纪要、会议简报的重要素材，也是形成文件和文章的素材。

三是通报信息作用。有的会议记录可以作为文件传达，以使有关人员贯彻执行会议精神和决议，有的会议记录也可以向上汇报，通报信息，使上级机关了解有关决议、指示的执行情况。因此，我们必须重视会议记录的独特作用。

【范例参考】
支部党员大会记录

日期：××××年×月×日下午

地点：办公楼会议室

出席人数：××名

缺席人数：×名

主持人：×××（姓名）

记录人：×××（姓名）

会议议题：

1. （略）。

2. （略）。

主持人（姓名）：按照本月工作安排，现在我们召开支部党员大会。应到党员××名，实到××名，缺席×名，其中正式党员应到××名，实到××名，缺席×名，超过党员半数。会议的议题是：……

下面，围绕议题，请大家充分发表意见。

×××（姓名）：（略）（发言要点）。

×××（姓名）：（略）（发言要点）。

主持人（姓名）：（略）（归纳小结）。下面，进行表决，同意×项议案的，请正式党员举手。不同意的，请举手。

（同意：××名；弃权：×名；反对：×名）。

决议：

1. （略）。

2. （略）。

不同意见：

1. （略）。

2. （略）。

第九节 公约

【概念解说】

公约，是机关、团体或街道居民等内部拟定的共同遵守的章程性公文。公约一般是由人民群众共同讨论制定或由人民群众团体共同协商制定的，在一定范围内要求人们共同遵守的道德规范和纪律规定的条文。公约多是用于公共事业方面的道德和行为规范，尤其是在社会主义精神文明建设方面常被使用。具体来说，公约的种类有以下几种：

1. 部门公约

这里所说的部门不是行政管理部门，而是群众社团、民间组织，如消费者协会制定的消费公约，爱国卫生委员会制定的卫生公约等。例如首都精神文明建设委员会制定的《首都市民文明公约》就属这种类型。

2. 行业公约

一个行业，为了加强本行业的职业道德，保护公平竞争，以行业协会出面主持制定的公约，就是行业公约。

3. 民间公约

由居委会、村委会或村民小组出面主持制定的公约，也就是俗称"村规民约"的，就是民间公约。

【起草格式】

公约一般由标题、正文、落款和日期三部分组成。

1. 标题

有两种写法：由制定单位、事项和文种构成，如《××市爱国卫生公约》；由事项和文种构成，如《服务公约》。

2. 正文

一般有两种写法。一种是全文分三部分：开头简要地说明订立本公约的目的；中间写公约的具体内容；结尾写贯彻执行的办法。另一种是省去开头和结尾，直接分条写出公约的具体内容，也就是参与订立公约者要遵守的事项，有时也以短句排列的形式列出。

3. 落款和日期

一般写在文末的右下方。标题已写单位名称的，可只写日期。

【范例参考】

范例1：

中国新闻界网络媒体公约

为加强中国新兴的网络媒体之间的交流和合作，营造中国网络媒体公平竞争的良好环境，促进中国网络媒体的健康发展；本着"合作、公平、发展"的精神，特制定此公约：

一、作为公约单位，无论是一个媒体单位，还是其相关从业人员，都应遵守新闻媒体所应有的职业道德，服从国家制定的有关新闻媒体的政策法律法规，遵循新闻媒体所具有的基本准则和基本规律。

二、各公约单位，都应充分发挥新媒体速度快、容量大、多媒体、可交互、可检索等特点，牢牢确立"媒体"意识，牢牢树立"为网友服务"的观念，争取在全社会的新闻信息传播中，同报刊、广播、电视一样，发挥越来越重要的作用。

三、各公约单位应充分运用好以因特网为标志的一系列高技术成果，结合自己实际，面向市场，走专业化道路，加强信息内容建设，搞好信息服务，努力成为新世纪因特网上中文信息建设的主力军，为通过因特网向全世界传播中国文化、中国文明，为促进中国新闻传播事业的发展和信息产业的发展，做出应有的贡献。

四、各公约单位应充分发扬新闻媒体之间的长期友好合作传统，取长补短，共同发展。

五、各公约单位应充分尊重相互之间的信息产权和知识产权，呼吁全社会尊重网上的信息产权和知识产权，坚决反对和抵制任何相关侵权行为。

六、各公约单位郑重约定，凡在此公约上签字的新闻媒体，可以用自己独家发布的拥有产权的信息，同其他新媒体拥有的同样的信息交换，各新媒体无论规格高低，实力大小，实行信息产权面前人人平等。

七、各公约单位根据第五条和第六条，可以在自己的网站页面上摘用其他公约单位网站上的新闻和信息，但是必须注明出处，并为对方网站做链接。

八、若某公约单位对其网站上的某些信息有特殊规定，则其他公约单位应遵守其规定，包括按照该公约单位的要求，给予经济补偿。

九、各公约单位约定，凡不属于此公约的其他网站，如需引用公约单位的信息，应经过授权，并支付相应的费用。使用时，或注明出处，或建立链接。

十、此公约从签约之日起生效。如情况变化，可酌情修改。

十一、各公约单位签约自由，退约自由。

××××年四月十五日
（摘自中国教育和科研计算机网）

范例2：

中国互联网行业自律公约

第一章　总则

第一条　遵照"积极发展、加强管理、趋利避害、为我所用"的基本方针，为建立我国互联网行业自律机制，规范行业从业者行为，依法促进和保障互联网行业健康发展，制定本公约。

第二条　本公约所称互联网行业是指从事互联网运行服务、应用服务、信息服务、网络产品和网络信息资源的开发、生产以及其他与互联网有关的科研、教育、服务等活动的行业的总称。

第三条　互联网行业自律的基本原则是爱国、守法、公平、诚信。

第四条　倡议全行业从业者加入本公约，从维护国家和全行业整体利益的高度出发，积极推进行业自律，创造良好的行业发展环境。

第五条　中国互联网协会作为本公约的执行机构，负责组织实施本公约。

第二章　自律条款

………

第三章　公约的执行

………

第四章　附则

第二十六条　本公约经公约发起单位法定代表人或其委托的代表签字后生效，并在生效后的 30 日内由中国互联网协会向社会公布。

第二十七条　本公约生效期间，经公约执行机构或本公约十分之一以上成员单位提议，并经三分之二以上成员单位同意，可以对本公约进行修改。

第二十八条　我国互联网行业从业者接受本公约的自律规则，均可以申请加入本公约；本公约成员单位也可以退出本公约，并通知公约执行机构；公约执行机构定期公布加入及退出本公约的单位名单。

第二十九条　本公约成员单位可以在本公约之下发起制定各分支行业的自律协议，经公约成员单位同意后，作为本公约的附件公布实施。

第三十条　本公约由中国互联网协会负责解释。

第三十一条　本公约自公布之日起施行。

××××年×月×日

（摘自新华网）

第十节
组织章程

【概念解说】

章程是党政、团体或有关组织用于说明组织规程和行为准则的文书。它对于所规范的对象来说，是一种带有根本性质的规章制度，如《中国共产党章程》，是所有的中国共产党党员都应照章办事的。

章程在社会生活中是被广泛使用的，诸如政党、群众组织、学术团体、公司等都可使用。一般说，章程使用时间的长短是视乎一个团体组织存在时间的长短的，如《青少年夏令营活动简章》一类章程，使用的时间就十分短暂。从章程的性质角度说，大致可将种类繁多的章程归纳为以下三类：

1. 组织章程

这类章程是团体组织的纲领，它具体规定组织的准则、机构设置、成员资格及行为规范等内容，如上面的举例《中国共产党章程》。

2. 行为章程

指用于规范某种行为或某类做法的章程，如《××体育中心活动章程》。

3. 契约章程

指侧重于经济活动及其分配权益关系说明的章程，如某民营企业《××公司股东章程》。

从总体上说，无论哪一种类别的章程，都和其他种类的章程有一定的相似点，都有组织原则和行为规范等的内容，只不过它们之间各自有所侧重。

【起草格式】

1. 标题

章程标题的写作一般由组织名称加上文种名称组成，如《中国科学技术协会章程》《××大学学生会章程》等，在其标题下，一般用括号注明组织会议的通过日期。

2. 正文

章程正文的写作分总则、分则、附则三部分，在具体的结构安排上，可分为分章式和分条式两类。在分章式中，它的第一章往往是总则，跟着就是分则，最后一章往往是附则；在分条式中，它的第一条或从第一条起至第×条为总则，跟着就是分则，最后就是附则。在这方面，它和法规文书写法是一致的。但是，两者结构虽然一致，在写作的内容方面却有很大的区别。

区别一：政府或其机关的法规文书总则写的是发文的原因、目的或意义等，此外，它一般还要写明实施的范围、主要原则、执行机关等；而章程总则的写作，目的在于写明组织的名称、性质、宗旨、任务、原则等，可见二者之间的工作任务要求是根本不同的。

区别二：前者分则写的是对社会或对某部门的规定事项，即规定允许做什么、不允许做什么等，后者分则写的则是组织的架构、加入组织的条件、成员的行为准则、权利和义务等，如果是生产经营性的章程，还要写明资金条件、经营范围、损益权责、分配原则等。

以上是章程和其他法规性文书在写作内容上的主要区别。就其附则来说，它们之间也有一定的区别，不过总体上看，这部分的区别并不大。

【范例参考】
中国人民对外友好协会章程

（××××年××月全国理事会会议通过）

第一章 总则

第一条 中国人民对外友好协会（简称全国对外友协）是中华人民共和国全国性的人民团体。

第二条 本会以发展中国人民同世界各国人民的了解和友谊，促进相互间经济、社会、文化、科技、教育等方面的交流与合作，维护世界和平为宗旨。

第三条 本会采取团体会员制。

第二章 任务

第四条 同各国对华友好组织、社会团体和各国人士发展友好合作关系。通过相互访问举行纪念会、座谈会、参加国际会议和双边会议、交换资料等，增进相互了解，发展友谊。

第五条 开展有关维护世界和平的活动，声援各国人民争取民族解放和维护民族独立的正义斗争。

第六条 配合有关单位开展对外经济、社会科技合作和人才交流。

第七条 开展对外民间文化交流。派出和接待民间文化艺术团和文艺界人士，进行友好访问，举行演出和展览。

第八条 协调我国各地同外国建立和发展友好城市关系的工作。

第三章　全国理事会

第九条　本会最高权力机构是全国理事会,理事会届期四年。

第十条　全国理事会职权:

一、审查本会工作报告;

二、制定和修改本会章程;

三、决定本会工作方针和任务;

四、推举名誉会长和聘请顾问;

五、选举会长、副会长和秘书长。

第十一条　全国理事会会议闭会期间,由会长、副会长和秘书长组成的常务会议主持日常工作。根据需要,常务会议可召集理事会议。

第十二条　本会设副秘书长若干人,并设置必要的办事机构。

第四章　地方组织

第十三条　全国各省、自治区、直辖市建立省、自治区、直辖市人民对外友好协会。各省、自治区的重要城市根据需要也可建立市人民对外友好协会。

第十四条　各省、自治区、直辖市人民对外友好协会,是省、自治区、直辖市一级的人民团体;省辖市人民对外友好协会是省辖市一级的人民团体。

第十五条　各地人民对外友好协会的业务工作受上级友好协会的指导。

第五章　经费

第十六条　本会经费来源:

一、国内外社会各界的捐助;

二、本会举办一些活动的收入;

三、政府资助。

第六章　附则

第十七条　中国人民对外友好协会会址设在北京。

第十八条　本章程经全国理事会通过后生效。

第十一节
办法

【概念解说】

办法是处理事情或解决问题的方法的公文，也就是主管部门根据方针、政策对本部门、本系统的某项工作或活动做出的具体的、规范性的做法的规定性公文。办法多适用于各级各类机关，适用范围较广。办法有多种类型。

1. 实施办法

为实施法规而制发的公文，通常叫"实施办法"。这种办法的派生性很强，有的从标题上就明确指出这一点。如《中华人民共和国国务院公报》2000年第5号刊登的《中华人民共和国海关实施〈行政复议法〉办法》，就是对海关如何贯彻执行《中华人民共和国行政复议法》制定的办法。《2000年曾宪梓教育基金会〈优秀大学生奖学金计划〉实施办法》也属于这种类型。

2. 管理办法

这种办法虽然也是以相关法律为依据制定的，但不是哪一部法律和条例的派生物，有一定的独立性。它是行政管理部门对一些法律不可能具体涉及的局部性工作所做的安排。例如《中华人民共和国国务院公报》2000年第7号上刊登的《水利基本建设项目稽查暂行办法》，第一条说："为规范水利基本建设行为，加强国家水利基本建设投资管理，提高建设资金使用效益，确保工程质量，保证稽查工作客观、公正、高效开展，特制定本办法。"这段话准确概括了其实施行政管理的性质。

【起草格式】

1. 标题

办法的标题一般由主要内容和文种构成。主要内容包括基本事项、适用范围或阐释依据，如《储蓄存款利息所得个人所得税征收管理办法》《统计上岗资格证书颁发实施办法》《〈国务院关于职工工作时间的规定〉的实施办法》。如果是试行或暂行，在标题中要写明，如《外商投资企业采购国产设备退税管理试行办法》。

2. 制发时间与依据

加括号标于标题之下正中，有多种写法：制发时间和通过的会议；通过的会议及通过的时间；发布机关和发布时间；发布机关和首次发布时间及修订时间。

随命令和通知发布的办法，自身不显示制发时间和依据，但以后单独使用时，应将原命令和通知的发布时间标注于标题之下。

3. 正文

（1）总则、分则、附则写法

内容复杂的办法，可采用总则、分则、附则式写法。

总则写明制定办法的目的、依据、意义、适用范围、实施部门等。如《第五次全国人口普查办法》第一章为总则，分别写了目的和依据、领导机关、普查标准时间、经费来源、责任机关。

分则列出具体的方法、步骤、措施、要求等，可分若干章展开。如《第五次全国人口普查办法》，分则共含第二章"人口普查的对象和登记原则"，第三章"人口普查的宣传和准备工作"，第四章"人口普查的登记和复查工作"，第五章"人口普查人员的选调和培训"，第六章"人口普查数据的公布和管理"，共计五章，含第六到第四十三条。

附则用来写特殊规定、补充规定和生效时间。如《第五次全国人口普查办法》附则共三条，分别涉及少数边远不便地区的特殊情况，实施细则的制定权，以及施行时间。

（2）直接分条式写法

内容简单的办法，直接分条即可。前若干条写目的、依据、宗旨等，中间较多的条款写方法、步骤、措施等，最后一两条写补充规定和实施要求。

【范例参考】
跟班学习人员和借用人员管理办法
2017年5月

为规范和加强跟班学习人员、借用人员管理，确保各项工作正常有序开展，根据有关法规和文件规定，结合本单位实际，制定本办法。

一、人员界定

本办法所称跟班学习人员、借用人员是指从其他单位抽调或借用到我单位跟班学习、帮助工作的人员。

二、原则

严格审批、统一管理、控制数量、保证急需

三、有关条件

（一）有下列情形之一的，可抽调或借用人员跟班学习：

1. 业务交流需要的；
2. 组织安排的；
3. 重大专项任务需要的；
4. 其他工作需要。

（二）跟班学习人员、借用人员需满足的条件：

1．大学以上学历，年龄在四十周岁以下；

2．遵纪守法，作风正派，无违纪违法行为；

3．具备履行职责的业务知识、工作能力和身体条件。

四、办理程序

（一）各部门每年底向人事部门提出下一年度需求计划，人事处统筹后提出跟班学习人员、借用人员方案，报本单位党组会议审议。

（二）人事部门根据党组会议审批意见，书面通知借入单位、借出单位。

（三）跟班学习人员、借用人员凭书面通知到人事部门报到。

五、管理要求

（一）跟班学习时间一般为3个月，最长不超过6个月。

（二）跟班学习人员、借用人员由人事部门和借用单位共同管理。

（三）跟班学习人员、借用人员的临时出入证、就餐卡、住宿等，由行政事务部门负责安排。

（四）跟班学习人员、借用人员上岗前要签订保密协议，由学习、借用单位进行保密教育。

第十二节
简报

【概念解说】

简报是行政机关、人民团体、企事业单位内部用于汇报工作、反映问题、沟通情况、指导工作、交流经验、传递信息的一种简短的有一定新闻性质的文书材料。

简报的种类繁多，按照不同的分类标准，可以划分为很多不同类型。按时间划分，简报可分为定期简报和不定期简报；按发送范围分，有供领导阅读的内部简报，也有发送较多、阅读范围较广的普发性简报；按内容划分，简报可以分为工作简报、生产简报、会议简报、信访简报、科技简报、教学简报等。下面主要介绍四种类型。

1. 工作简报

这是为推动日常工作而编写的简报。它的任务是反映工作开展情况，介绍工作经验，报告工作中出现的问题等。工作简报又可分为综合工作简报和专题工作简报两种。

2. 会议简报

这是会议期间为反映会议进展情况、会议发言中的意见和建议、会议议决事项等内容而编写的简报。一些规模较大的重要会议，会议代表并不能了解会议的整体情况，譬如分组讨论时的重要发言、有价值的提案等，需要依靠简报来了解会议的基本面貌。重要会议的简报往往具有连续性的特点，即通过多期简报将会议进程中的情况接连不断地反映出来。会议简报一般由会议秘书处或主持单位编写。

3. 科技简报

这是为反映最新科学技术研究成果、介绍推广新产品、新工艺、新技术、新理论、新动向而编写的简报。这类简报内容新、专业性强，有的属于经济情报或技术情报，有一定的机密性，必要时需加密级。

4. 动态简报

这是为反映本单位、本系统的思想、政治、经济、文化等方面情况、信息而编写的综合性简报。动态简报着重反映与本单位工作有关的正反两方面的新情况、新动向、新问题，为领导和有关部门研究工作提供鲜活的第一手资料，向群众报告工作、学习、生产、思想的最新动态。

做好简报的要领：一要把握一个"准"字。简报务必准确，不能任何错误，更不能有硬伤。人名、地名要准确，切记张冠李戴；数字要准确，数字一旦出现错误，就属于硬伤，后果严重；表述要准确，专用术语、固定用法要与标准提法一致。为了保持准确，要反复校核，细之又细、慎之又慎。二要把握一个"简"字。简报顾名思义就是要言简意赅，用最少的话，把最精彩的内容、最有价值的观点呈现出来。要避免面面俱到，严格控制篇幅，善于淘金、精选细筛，摒弃穿鞋戴帽、泛泛而谈的内容，选取最独到的观点、最典型的事例、最鲜活的数据，使简报血肉丰满、要点鲜明。三要突出一个"快"字。简报追求的是又快又好，快在好前，如果报送太慢了，读者从新闻媒体等其他渠道都了解到了有关内容，那就失去简报的意义了。所以，要以最快的速度整理、编辑和送达，不用像写诗一样追求完美、精雕细琢，只要把关键信息传达就基本达到目的了。

【起草格式】

简报有特定的格式，一般分为报头、标题、正文、报尾四个部分。

1. 报头

简报一般都有固定的报头，包括简报的名称、期号、编发单位和发行日期。

（1）简报名称

印在简报第一页上方的正中处，为了醒目起见，字号宜大，尽可能用套红印刷。

（2）期号

位置在简报名称的正下方，一般按年度依次排列期号，有的还可以标出累计的总期号。属于"增刊"的期号，要单独编排，不能与"正刊"期号混编，以免得不到"增刊"的单位误认"正刊"缺期而发生误会。

（3）编发单位

应标明全称，位置在期号的左下方。

（4）发行日期

以领导签发日期为准，应标明具体的年、月、日，位置在期号的右下方。

报头部分与标题和正文之间，一般都用一条粗线拦开。

有些简报根据需要，还应标明密级，如"内部参阅""秘密""机密""绝密"等，位置在简报名称的左上方。

2. 标题

简报的标题跟新闻的标题有些类似，可分为单标题和双标题两种基本类型。

（1）单标题

将报道的核心事实或其主要意义概括为一句话作为标题，如：《后勤工作今年重点抓好五件事》《我校通过"211 工程"专家审查验收》《查摆突出问题，研究"三讲"教育方案》。标题中间可以用空格的方式表示间隔，也可以加用标点符号。

（2）双标题

双标题有两种情况：

一是正题后面加副题。如：

再展宏图创全国一流市场

——××农贸市场荣获市信誉市场称号

前一个标题是正题，概括事实的性质，后一个标题是副题，补充叙述基本事实。

二是正题前面加引题。如：

尽责社会完善自身

华东师大团委开展"把知识献给人民"的活动

前一个标题是引题，指出作用和意义，后一个标题是正题，概括主要报道内容。

3. 正文

（1）导语

导语就是简报的开头语，要用简短的文字，准确地概括报道的内容，说明报道的宗旨，引导读者阅读全文。导语写作的总的要求是"开门见山"，一开始就切入基本事实或核心问题，给人一个明确的印象。

导语的具体写法可根据主题需要，分别采用叙述式、描写式、提问式、结论式等几种形式。用概括叙述的方法介绍简报的主要内容，叫作叙述式。把简报里的主要事实或某个有意义的侧面加以形象的描写，以引起读者的阅读兴趣，叫作描写式。把简报反映的主要问题用设问的形式提出来，以引起读者的思考，叫作提问式。先将结论用一两句话在开头点出来，然后在主体部分再作必要的解释和说明，叫做结论式。这几种导语形式，各有所长，写作时可根据稿件特点选择运用。

（2）主体

主体是简报的主要部分，它的任务是用足够的、典型的、富有说服力的材料把导语的内容加以具体化，用材料来说明观点。写好主体是编好简报的关键。主体的内容，或是反映具体的情况，或是介绍具体的做法，或是叙述取得的成绩和经验，或是指出存在的问题，或是几项兼而有之，要视具体情况而定，没有固定的框架。

主体的层次安排有"纵式"和"横式"两种形态。纵式结构按事件发生、发展的时间顺序来安排材料，横式结构按事理分类的顺序安排材料。如果内容比较丰富，各层可加小标题。

（3）结尾

简报要不要结尾，因内容而定。事情比较单一，篇幅比较短小的，可以不单写结尾，主体部论述完毕即可结束，干净利落。事情比较复杂，内容较多的，可以写个结尾，对全文做一个小结，以加深读者印象。有些具有连续性的简报，为了引起人们注意事态的发展，可用一句交代性的话语作为结束，如"对事情的发展我们将继续报告""处理结果我们将在下期报告"等。

4. 报尾

报尾在简报末页，用间隔横线和报核分开。报尾内容比较简单，只需写明报什么机关、送什么机关、发什么单位即可。

【范例参考】

××集团公司

工 作 简 报

2017 第 9 期

（总第 66 期）

××集团办公室编　　　　　　　　　　　　　　2017 年 10 月 30 日

目　录

——××总裁与党员领导干部进行集体约谈

——××分公司创建周日学习晚汇平台　练好参谋服务功

——××分公司举办2017年第一期道德讲堂活动

××总裁与党员领导干部进行集体约谈

9月25日上午，××总裁与我集团公司党员领导干部进行集体约谈，督促党员领导干部切实管好班子、带好队伍、当好表率，持续加强作风建设。

××总裁在谈话中要求，各单位主要负责人要强化主责主业意识，履行"一岗双责"，把集团的发展和公司决策部署的贯彻落实当作分内之事、应尽之责，真正把担子挑起来，带头严格执行。

（总裁办）

××分公司创建周日学习晚汇平台
练好参谋服务功

为进一步适应新形势、新定位、新使命，××分公司于2017年4月创建"周日学习晚汇"综合学习平台，以"学悟行"强化"忠精严"精神，推进党支部"党员学习常态化、组织生活规范化、作风建设长效化"。

一是党员学习常态化。利用每周星期天晚上约2个小时的时间，邀请各类专家学者、各级领导干部、业务骨干等为全体党员干部授课、培训。上半年已开展"周日学习晚汇"活动10次。

二是组织生活规范化。党支部每次学习晚汇汇编一期专题学习资料，供党员学习、讨论和掌握。"周日学习晚汇"用制度的形式把组织生活的时间、内容、形式固定下来、规范起来，对"三会一课"基本制度进行了丰富完善。

三是作风建设长效化。把作风建设教育纳入"学习晚汇"学习计划，确保学习人员、学习时间、学习内容、学习次数、学习效果"五落实"。通过持续不断的学习教育，××县委办干部树立起了严谨细致的工作作风，以及追求"精确、精密、精实、精细"工作品质的进取精神，有力推动了全市各项工作的全面落实。

（××分公司）

××分公司举办 2017 年第一期道德讲堂活动

5月26日，××分公司举办以"践行'忠诚创新和谐'"为主题的道德讲堂活动。本期活动以"身边人讲身边事"形式，讲述践行"忠诚创新和谐"的感人故事；听完讲述，4名听众代表分别谈了感悟。约100名党员代表参加了此次活动。

（××分公司）

报：市委秘书长、副秘书长，办公室主任、副主任。

送：各分公司。

责任编辑：××　　　　　校对：××　　　（共印××份）

第十三节 细则

【概念说明】

细则是根据上级机关的有关规定或办法，结合本部门本单位的实际情况，制定的详细规则或补充性、辅助性说明的公文。

【格式要求】

（1）标题

标题一般有两种写法：一种是发文机关加事由加文种组成；一种是事由加文种组成。

（2）公布单位和时间

公布单位和时间一般放在标题之下。

（3）正文

正文一般由开头、主体和结尾三部分组成。

①开头

要交代制定细则的依据。当然，不仅仅在细则的开头要作交代，而且其精神还要渗透于细则的每一条款之中。

②主体

一般采用条目式写法，其排列顺序和被补充公文层次排列顺序相结合。这一部分内容在写作时应注意结合实际，不能只是部分重复被补充公文的条款或解释其字面意思，也不能对被补充公文每一条款都具体化，详而又详，全面铺开，冗长烦琐，以致无法执行。

③结尾

一般很简单，只说明一下生效日期即可。

【重点说明】

（1）细则的使用范围

细则适用于较大的活动或较为复杂的工作任务及职能机构的管理，以保证某些原则性比较强或涉及面比较广的规章的具体实施。

（2）细则的主要特点

第一，具有规范性。

细则是对某一条例、规定、办法的补充说明或辅助性的规定，自然具有条例、规定和办法的规范性的特点。

第二，具有补充性和辅助性。

制定细则的目的是为了补充某些规定或办法的"不足"，以利于贯彻执行。当然细则对某些规定或办法的补充要详细，即把上级有关规范具体化、细密化。

第三，具有针对性。

制定细则要"上有所依，下有所系"。上有所依，即要依据上级机关的有关规定和办法来制定；下有所系，即联系本部门本单位的实际，有的放矢地定出具体的实施措施。因此，细则的针对性很强。

（3）细则的类型

第一，全面实施细则。

全面实施细则对实施对象的全部条文做出全面实施说明。

第二，部分实施细则。

部分实施细则对实施对象的部分条文作详细的实施说明。

第三，地方实施细则。

地方实施细则是地方政府或部门结合本地区实际针对有关的公文而制定的实施细则。

【范例参考】
关于严格落实党政机关重大事项请示报告制度的细则

2017 年 7 月

重要事项及时报告、重大任务及时总结，是党政机关的一项基本职责和工作要求。为进一步严明政治纪律和政治规矩，改进机关作风，提高行政效能，履行好统筹协调和抓落实基本职能，确保政令畅通，结合我厅实际，制定本细则。

第一条 由我厅承办的学习传达上级重大决策部署的会议，具体负责职能处室要在 2 天内将会议情况按程序报审后以书面形式向上级报告。

第二条 由我厅承办的重大会议、重大活动，承办单位在会议活动结束后 3 天内以书面形式向厅领导报送工作总结。

第三条 领导同志作出的涉及厅内事务的重要批示或指示，有明确时限的，承办单位必须在规定时限前完成并将办理情况按程序报领导同志；没有明确时限但要求马上落实的，承办单位应在 3 天内提出贯彻落实的具体措施，并定期报告贯彻落实情况；没有明确时限但要求长期执行的，承办单位在 1 个月内建立健全长期执行的制度机制，并每半年向领导同志报告一次执行情况。

第四条 上级有关部门来文来电交办的重要事项和任务，承办单位要在当天内尽快报告厅领导。交办的任务涉及环节较多、需要各部门配合完成的，要在 3 天内提出具体工作方案报审。

第五条 各处室局参加上级召开的重要会议，要在 3 天内向厅领导报告会议情况、有关任务要求及我厅贯彻落实的具体措施建议，并按要求做好后续贯彻落实及报告工作。

第六条 本厅的重要会议活动，承办单位一般要提前 3 天将有关会议材料报厅领导，因特殊情况并报经同意，至少提前 1 天将有关会议材料报厅领导。

第七条 涉及本单位干部职工的安全事故、突发事件、违法违纪事件，或工作中出现重大失误情况，必须第一时间报告厅领导，最迟不得晚于事发后 2 小时。进展和处理情况要随时续报，并尽快向厅领导呈送书面报告。

第八条 各处室局在半年或年终工作总结时要对重大事项请示报告规定执行情况进行查摆总结。因重大事项请示报告不及时造成严重后果，或被上级或领导批评或通报的，按有关规定对相关责任人进行问责。

第九条 本规定自颁布之日起实施，由厅办公室负责解释。根据实际情况和工作需要，厅办公室牵头定期进行修订完善。各处室局应根据规定要求和工作职责，建立完善相关工作制度机制。

第十条 国家法律法规和《中国共产党党章》《关于新形势下党内政治生活的若干准则》等党内规范性文件关于重大事项请示报告的有关规定，必须严格遵守和执行。

参考书目

1. 张玲英主编：《新编办公应用文全书》，黑龙江科学技术出版社2012年版。

2. 如歌主编：《现代公文写作规范与技巧》，海潮出版社2012年版。

3. 赵玲玲、杨桐编著：《实用公文写作模板》，中国劳动出版社2011年版。

4. 余柏、袁霞辉著：《公文写作全书》，哈尔滨出版社2011年版。

5. 张宝忠主编：《实用公文格式与写作规范全书》，企业管理出版社2010年版。

6. 蔡亚兰编著：《最新公文写作实用大全》，中国华侨出版社2010年版。

7. 中国公文写作研究会编，岳海翔、张保忠主编：《最新公文写作实用大全》，当代中国出版社2009年版。

8. 魏成春编著：《公文写作实用教程》，浙江大学出版社2008年版。